Money錢

Money錢

Money錢

Money錢

隱性財富

掌控市場變局的
6大事件投資法

艾席夫·蘇利亞（Asif Suria）著

呂佩憶 譯

THE EVENT-DRIVEN EDGE IN INVESTING

SIX SPECIAL SITUATION STRATEGIES TO OUTPERFORM THE MARKET

獻給我生命中那顆耀眼的明星

目錄 / CONTENTS

｡自序｡

投資靈感的產生是投資人的命脈。我一直在尋找新的投資機會，最終只投資我探索構想中的一小部分。如果我的大部分投資想法和其他數百萬投資人所依賴的來源相同，那麼我的投資績效很可能會很平庸，那不如投資像標普 500 指數這樣包括美國最大的 500 間公司這種廣泛多元化的指數就好了。

事件投資，顧名思義，就是投資正在經歷特定事件的公司。這些事件可能會對公司產生變革性的影響，範圍包括公司將一個部門分拆為一間獨立的上市公司，以及與另一間公司合併。你可以使用這些策略投資獲利，而無需預測收益或市場的短期方向。

我被事件投資策略所吸引，因為它為我帶來了一些能激發新投資靈感的策略，更棒的是，某些事件投資策略在市場低迷時期也表現得很好。

本書適合自主投資者和專業投資者，旨在提供替代性策略，結合其現有的投資策略，既可作為投資靈感的來源，也能從市場對重大轉型事件的正面反應中獲利。

本書詳細探討 6 種不同的事件投資策略，我將介紹

每種策略的細微差別，並概述這些策略將如何協助你應對金融市場的起伏。有些策略在下跌的市場環境中效果很好，而另一些策略是熊市結束後賺錢的絕佳方式。

在對這 6 種事件投資策略進行大致的介紹之後，我將在每章中使用案例研究，並深入探討每種策略如何運作的細節。我將簡要討論選擇權、期貨和債券等工具，以激發你對這些工具的興趣，並描述這些工具與某些事件投資策略的相互作用。

了解策略何時沒有用，與弄清楚它所帶來的好處一樣重要。我在每個策略章節的「潛在風險」部分，會探討每種策略的陷阱以及應該避免的事。

書中討論的 6 項事件投資策略包括：併購套利（Merger Arbitrage）、內部人交易（Insider Transactions）、實施庫藏股（Stock Buybacks）、特殊目的收購公司（SPACs）、公司分拆（Spinoffs）、經營團隊變動（Management Changes）。

◦ 前言 ◦

在一次採訪中，波克夏海瑟威公司（Berkshire Hathaway）副董事長、巴菲特（Warren Buffett）的投資合夥人查理・蒙格（Charlie Munger）講述他如何從《巴倫周刊》（Barron's）上看到的一個想法中，無風險地賺到 8,000 萬美元。

「我讀《巴倫周刊》50 年了。這 50 年來，我在《巴倫周刊》找到了一個投資機會，我從中賺了大約 8,000 萬美元，幾乎沒有風險。我把這 8,000 萬美元交給了李錄，李錄再把它變成了 4、5 億美元。因此，我透過閱讀《巴倫周刊》50 年，並且一直遵循一個想法，賺了 4、5 億美元。」

剛開始投資時，我和大多數其他投資人一樣，遵循相同的來源尋找投資靈感，我閱讀《巴倫周刊》和《財富》（Fortune）等金融雜誌，與其他投資者交談、選股，並瀏覽以投資為內容的網站。

我其中一個較為成功的投資靈感來自於《財富》雜誌的一篇文章，內容是關於 Twilio 創辦人傑夫・勞森（Jeff Lawson）的故事。Twilio 使企業可以非常輕鬆地

向其客戶發送簡訊，而無需處理跨多國不同行動網路的傳輸複雜性。如果你使用過 Uber，那麼 Uber 可能是用 Twilio 通知你，司機或餐點已經抵達的消息。

《財富》雜誌上關於 Twilio 的文章是在公司上市之前寫的，我一直沒有忘記關於勞森管理公司的方式。幾個月後，Twilio 以每股 15 美元的價格上市，該股在交易的第一天就飆漲 92%。當 Twilio 的股價在上市飆漲之後回跌時，我決定買進 Twilio，之後看著它上漲超過 1,600%。此外，勞森先生同時也在公開市場上買進股票，也幫助了股價的漲勢。

我在遇到 Twilio 之前，已經閱讀了十多年的《財富》。在閱讀了 10 年後我得到一個賺錢的想法，最終促使我買入 Twilio 的關鍵，是該公司執行長的內部人股權交易。

我在 2000 年網路泡沫之後的熊市深淵中開始了我的投資之旅，準確來說，我是在 2001 年 4 月熊市開始反彈期間投資的，這次反彈僅持續了幾週。在熊市反彈期間股票大漲，暫時緩解了之前的拋售潮。

我的投資一開始非常順利，我遵循一個簡單的動能策略，並在幾週內成功獲得了超過 30% 的報酬率。這樣的報酬是初學者的好運，因為我對動能策略沒有進行深入的研究，我所做的只是對那些表現強勢、在一段時間內持續上漲的股票進行投機。

　　在快速獲得了 30% 的報酬率後，我開始認為我使用的策略實在很簡略，遲早會失去作用。聽取了比我更有經驗的投資人的明智建議後，我決定為下一次投資尋找一支安全的績優股，最好是當前股價低於其內在價值的股票。

投資績優股就很安全？

　　我選擇的公司恰好是美國第七大企業，也是世界上最大的能源貿易公司。更吸引人的是，近幾個月來它的股價已經跌掉了一半，該公司的新任執行長鼓勵員工買進股票，表示公司經營良好，並預測「股價將大幅上漲」。

　　對於有經驗的投資人來說，上述的每一件事都是很大的警訊：一支迅速下跌的股票、一間處在經濟衰退期的景氣循環性質產業的公司，而且執行長為股票吶喊助

陣。不幸的是，身為一個新手投資人，我還有很多東西需要學習。

我選擇的公司不是別的，正是安隆（Enron），我以每股 30 美元左右的價格買進，在我買進股票 2 個月後，安隆就公布當季巨額虧損，美國證券交易委員會（Securities and Exchange Commission，SEC）於是對安隆展開調查。調查結果是，安隆利用會計進行欺詐，一直在使用會計技巧使其財報看起來比實際情況好得多。

隨著安隆巨額欺詐事件的揭露，股價從 30 美元跌至 10 美元，我問其他投資時間比我長的投資人，是否應該停損並賣出。我得到的建議是：堅持到底。投資人和交易者通常是樂觀的一群人，他們很難承認犯錯並迅速停損，我也不例外，這筆「投資」從 30 美元一路抱到剩 30 美分。我最終在公司宣布破產之前賣掉，虧損 99%。迅速停損以避免接下來更大的虧損是一種投資的超能力，很少有投資人能夠始終如一地運用這種能力。

學習投資知識

我很幸運，在我的投資之旅早期就遇到了安隆的

災難——我的投資組合很小、沒有槓桿、有一份我喜歡的工作，而且我不用養家。但是這段經歷足夠痛苦，讓我開始走上學習投資這門藝術與科學的道路。我自學財務報表，買了投資大師班傑明·葛拉漢（Benjamin Graham）、菲力浦·費雪（Philip Fisher）和彼得·林區（Peter Lynch）的書，並開始理解本益比以及股價有形資產比（Price/Tangible Book）等比較性的股價評價指標。巴頓·比格斯（Barton Biggs）的《刺蝟學》（*Hedgehogging*，無中譯版）這本書幫助我理解情緒和投資人心理如何在短期市場走勢中發揮重要的作用。[1]

　　一段時間過去後，我在實踐中汲取了教訓，也從與我經歷相似的投資人那裡學到了東西。我從 2005 年開始寫投資部落格，寫作過程幫助我深入研究更廣泛的主題，如資產配置、持倉比例的調整，以及如何透過建立折現現金流（discounted cash flow，DCF）模型來估算公司的內在價值。

　　2005 年底前，我連絡一間名為 Seeking Alpha 的新興投資網站的執行長，在閱讀了我的內容後，他同意開始在 Seeking Alpha 上發布我的部落格文章。我是網站早期的撰稿人，這讓我能夠與使用該網站的散戶和機構

投資人互動。

開啟「事件投資法」之路

一位一直在閱讀我文章的避險基金經理人在 2010 年找我討論一種特殊情況：也就是一間正在被另一間公司收購的公司，其股價遠低於收購價格。

避險基金經理人告訴我，我所要做的就是買下被收購的標的公司，等待合併完成，買進的價格和收購價格之間的差額就是我的獲利。這種策略被稱為併購套利，這是我在本書後面介紹的策略之一。在與那位避險基金經理人互動的幾年前，我就已經接觸到了併購套利策略，但與他的討論幫助我展開一段漫長的旅程，邁向理解、追蹤事件投資並從中獲利。

我在 2010 年開始在兩個不同的網站上追蹤兩種事件投資策略──內部人交易和併購套利，後來我在 2018 年將這兩個加入 InsideArbitrage.com 中。

持之以恆地寫作本身就是一種獎勵。寫作有助於提煉思維程序，更深入地研究主題，並從與讀者的互動中學習。另一個好處是，你可以遇到你原本不會期望遇到

的人——作家投資人摩根・豪瑟（Morgan Housel）根據微軟創辦人比爾・蓋茲（Bill Gates）的一則推文，驚訝地發現蓋茲正在閱讀他的文章，這比摩根・豪瑟後來出版非常暢銷的《致富心態》早了很多年。

一位來自西雅圖的風險投資人對內部人交易感興趣，而且一直在閱讀我的文章，於是連絡了我。在認識彼此後，我們決定合作，結合傳統的資料分析技術和機器學習，對內部人交易進行深入研究。我們利用十多年的內部人交易和 FactSet 提供的幾十年基本資料進行分析，令人振奮的是，我們發現一些演算法交易策略在我們的回測中超越大盤。

在加州和華盛頓州註冊為顧問公司後，我們募集了一個實驗性種子基金，用真實資金來測試我們的策略。然後我們建立了可以自動為我們交易的軟體，建立一個端到端的自動化流程，由演算法選擇投資、為我們買進股票，然後在我們持有期結束時出售。我們進行這項實驗的第一年成效很好，報酬率是 23%，超越我們的基準指數。不幸的是，像許多數據驅動的流程一樣，我們試圖進一步優化策略，加入了以價值導向為基礎的框架，但當時價值型股票開始大幅落後成長型股票。表現不佳

的情況持續了多年，最終，我們決定不再募集更多的資金，而是逐步減少我們的實驗基金。

三重組合建構強大資產管理能力

我從這次經驗中學到了一些寶貴的教訓，並決定擴展我的框架，納入 6 種不同的事件投資策略。這些策略成為我投資組合管理過程中不可或缺的一部分，無論是在產生投資構想方面，還是在產生與市場波動無關的報酬方面。當市場震盪時，其中一些策略會搖擺不定，不過我必須補充一點，在極端市場壓力時期，大多數資產類別往往會相互關聯，並呈現一致的走勢。

如前所述，事件投資就是投資於正在經歷特定事件的公司。

事件投資策略的最大優勢在於，這個策略讓你擁有靈活的投資思維模式。你可以靈活地採用適用於當前市場環境的策略，而不是固守在某種在很長一段時間內可能沒有用的投資風格。

其次，在某些情況下這些策略還提供總體經濟訊號，讓你知道市場可能正處於轉折點。我已經多次看到

這種情況，在熊市接近尾聲時，異常強勁的內部人買進，正如本書〈內部人交易〉一章的討論。

第三個優勢是，你會開始看到模式的出現，一間公司可能會在不同的策略中出現。例如當公司正在買回股票時，公司的內部人士也可能在買進股票。在一個例子中，我發現一間公司很有吸引力，因為它正在被收購，並計畫在收購後將一個部門分拆為一間獨立公司。收購和分拆都提供了機會，令人鼓舞的是，在收購完成之前，一位內部人也在買進股票。我將在本書後面〈公司分拆〉章節的案例研究中，更詳細地討論這種情況。

這三重組合——投資靈感的產生、總體經濟訊號以及追蹤這些策略時出現的獨特模式，讓我在建構和管理投資組合這方面非常強大。

雖然本書沒有探討每一種事件驅動或特殊情況的策略，但它提供了 6 種策略的全面概述，這些策略對散戶和專業投資人都適用，並且有助於擴展你的投資工具箱，以應對不同的市場環境。

接著我們就要進入第 1 章，簡要介紹本書中討論的策略背景。

NOTE

Merger Arbitrage

Insider Transactions

Stock Buybacks

SPACs

Spinoffs

Management Changes

第1章

洞察市場變動中的

價值潛力

Event-Driven Strategies

併購套利　　　 內部人交易

公司分拆　　　 特殊目的收購公司

 實施庫藏股　　 經營團隊變動

　　事件投資有時也稱為特殊情況投資，包含許多廣泛的個別策略，而這些策略有一個共同點：通常涉及改變企業性質或未來走向的重大事件，一個典型的例子是併購（mergers and acquisitions，M&A）。併購交易可能會對目標公司和收購公司產生重大的影響，而與併購相關的策略就屬於事件投資。

　　同樣的，一間公司將一個部門分出成為一間獨立的公司稱為分拆。全球諮詢公司埃森哲（Accenture）於 2001 年從最大的會計師事務所之一安達信（Arthur Andersen）分拆出來。這次分拆很及時，因為不到 1 年後，安達信就被判妨礙司法罪。這項指控是因為安達信擔任安隆的審計公司，他們幫助安隆篡改某些文件，並協助銷毀文件。定罪後不久，有 89 年歷史的安達信消失，而分拆出來的埃森哲則繼續蓬勃發展，成為一間價值超過 1,600 億美元的公司。

我將在這一章簡要介紹本書的 6 種事件投資策略中，這些分別是：併購套利、內部人交易、實施庫藏股、特殊目的收購公司、公司分拆、經營團隊變動，接下來的每一章都專門介紹一個事件投資的策略。

併購套利：從價差賺取穩健收益

當兩間公司決定合併時，或是當一間大公司宣布收購一間較小的公司時，被收購的公司股價很少會與商定的收購價格完全一致，在大多數情況下，股價會略低於收購價格，不過，在某些情況下，如果交易是否會完成存在重大的不確定性，被收購的公司股價可能會比收購價低很多。

以折扣價買入收購公司的股票，等待交易完成賺取當前股票市價與收購價之間的差額，這種策略稱為併購套利，當前市價與收購價格之間的差額稱為套利利差（spread）。

這個策略也被稱為風險套利（risk arbitrage），因為使用這種策略的投資人承擔著交易可能無法完成的風險，股價可能會大幅跌至交易前的水準。投資人在有可

能完成的交易中賺到幾美分或幾美元，就是承擔這種風險的回報。

由於投資者通常只能賺取少量的利潤，為了讓這項策略奏效，大多數交易必須成功完成。我分析了 2010 年至 2022 年超過 12 年的交易資料，令人振奮的是，已宣布的交易中有 95% 最後都會完成。

2022 年 3 月 31 日，波克夏海瑟威公司以每股 848.02 美元的價格收購保險公司艾勒加尼（Alleghany），就是一個小額價差的例子。到了 2022 年 9 月 30 日，該股的股價為 840.56 美元，與該交易的價差為 7.46 美元，不到收購價的 1%。當收購在 2022 年 10 月 19 日確定時，套利者就可以獲得每股 7.46 美元的獲利。

如果你想知道為什麼收購價格是 848.02 美元而不是 848 美元或甚至 850 美元，其實 848.02 美元的數字背後有一個有趣的小故事。

巴菲特（Warren Buffett）是出了名的反對向中間商支付費用，他喜歡在為波克夏收購公司時直接與公司打交道，並且不喜歡讓投資銀行參與。1986 年，他曾在《華爾街日報》上刊登一則全版廣告，尋找市值 1 億美元以上而且願意出售的企業。

在艾勒加尼的收購案中，他提出以每股 850 美元的價格收購該公司，但不想支付投資銀行的費用，最終 848.02 美元的收購價格反映的是排除必須支付給交易相關的投資銀行的財務諮詢費。

與艾勒加尼交易相反的另一個極端情況，則是馬斯克（Elon Musk）收購推特（Twitter），這筆交易的過程比精心執行的謀殺案情節還要更曲折。在整個收購案的某一刻，也就是在 2022 年 7 月 11 日這天，併購套利的潛在獲利（也就是價差）高達 66%。

在併購套利章節中，我將深入探討為什麼這兩筆交易的價差有著顯著的差異、各種不同的併購交易類型，以及如何在你的投資組合中使用這種策略，尤其是市場條件充滿挑戰的合併案。

內部人交易：管理階層顯露的投資機會

投資上市公司股票的投資人通常對所投資的公司了解有限，他們透過季度財報、法說會和美國證券交易委員會（SEC）的文件來定期了解公司。在某些情況下，他們可能會在季中的投資人會議上聽經營團隊簡報，如

果是持股占比夠大的投資人，可能可以和經營團隊面對面交談。

相較之下，公司內部人士可以全面了解當時正在發生的事情、企業的產品進程發展情況，以及可能即將出現的大型合約的進展。與市場上的投資人相比，顯然內部人具有資訊優勢。

公司內部人士，包括董事、監察人、經理人、大股東等公司經營者或控制者，他們可以在公開市場上交易自家公司的股票，當他們完成買進或賣出時，以美國為例，需要在兩個工作日內向美國證券交易委員會報告這筆內部人交易，台灣則規定內部人應於每月 5 日以前將上月持股變動情形向公司申報，公司應於每月 15 日以前，彙總申報並輸入「公開資訊觀測站」。投資人可以密切關注這些交易，以了解公司內部人士的情緒，並確定內部人交易是否預示著該股的潛在機會或麻煩。

內部人交易通常不屬於事件驅動策略的範圍內，因為這不是可以對公司產生變革性影響的事件。但是內部人交易提供的訊號可以顯示一支股票實際上是便宜還是昂貴，這證明了該策略與本書中討論的其他事件投資策略的結合是合理的。

實施庫藏股：揭露公司價值背後的真相

實施庫藏股就是公司股票回購的行為。我們都喜歡討價還價、在大拍賣的時候買東西，公司及其內部人士也不例外。

當公司注意到市場在短暫的狂熱期間，股價被推高到不符合基本面的程度時，通常會出售股票。內部人在公開市場上出售股票，而公司則是透過所謂的二次發行（secondary offering）向投資人出售股東現有股票（二次發行也可以發行新股）。

當一間公司在首次公開發行新股（IPO）後向再次向投資大眾發行股票時，就算公司過去曾經第二次、第三次、第四次等向大眾發行新股，也會被稱為二次發行（即現金增資），但沒有三次發行、四次發行、五次發行這類術語，這是可以理解的，因為有些公司會一再發行新股，這樣下去的話會沒完沒了。

二次發行產生的資金可用於擴大公司的業務、進軍新計畫，或是拿來收購其他公司。二次發行對現有股東的影響是，這會稀釋他們在企業中現有的股份占比，而且二次發行經常會導致股價暫時下跌。

很多公司聽從巴菲特「別人貪婪我恐懼，別人恐懼我貪婪」的建議，他們不僅在股票昂貴時出售股票或發行新股；當他們認為股票便宜時，也會從公開市場買進股票，或直接向投資人收購股票。

在市場低迷和動盪期間，聰明的經營團隊及其董事會通常會選擇回購股票，減少他們在外流通股數。威廉・索恩戴克（William Thorndike）在《非典型經營者的成功法則》一書中，試圖找出一些執行長比其他人更成功的原因。[2] 在許多情況下，關鍵在於他們的資本配置決策，尤其是何時要發行更多股票以及何時要實施庫藏股。

在〈實施庫藏股〉一章中，我將討論企業公告股票回購和實際實施兩者之間的區別，並探討內部人交易和股票回購結合的情況。

特殊目的收購公司：SPACs 的風險與機遇

就在 2000 年網路泡沫破滅不久後，我遇到了兩位來自芝加哥的企業家，他們來到俄勒岡州尤金市收購一間珠寶公司。他們的獨特之處在於，他們先向投資人募集了一筆資金（約 50 萬美元），然後四處尋找可以收

購的企業。他們在俄勒岡州找到了一間名為茱蒂凱歐蒂（Jody Coyote）的小型珠寶商，並決定收購這間公司。

他們其中一位合夥人透過向諸如梅西百貨（NYSE：M）等大企業接洽，專注於前端業務的發展，而另一位合作夥伴則專注於管理後端的營運。

在他們的管理下，公司繼續為他們和投資人帶來豐厚的報酬。這兩位來自芝加哥的企業家克里斯·坎寧（Chris Cunning）和彼得·戴伊（Peter Day）令投資人非常放心，以至於投資者即使不知道他們最終會收購和發展什麼樣的公司，也願意提供資金給兩人。這是我對當時所謂的「空白支票公司」（blank check company）——現在所謂的特殊目的收購公司（SPAC）的首次接觸。

擁有大量資金的投資人有時會成立 SPAC，這些公司通常擁有價值數億美元的資金。當公司成立並透過 IPO 獲得資金後，就會開始尋找一間擁有真實業務的未上市企業，尋找的期限為 2 年。如果 SPAC 找到自己喜歡、正在營運的公司，那麼這間 SPAC 就會與未上市的私人企業合併。相較於傳統的股票掛牌上市，這個過程使私人企業用更簡單的方式就可以快速上市，而發起 SPAC 的人（贊助者）則獲得合併後公司的大量股份，從

中受益。透過 SPAC 上市的公司包括共享工作空間公司 WeWork、社交網路 Nextdoor 和金融科技公司 SoFi。

SPAC 原本是資本市場中少人關注的領域，但在 2020 年和 2021 年成立了數百間特殊目的收購公司，形成了一個巨大的泡沫。

如果 SPAC 在 2 年的生命週期內沒有找到可收購的業務，就必須將這筆錢連同閒置等待期產生的利息，一起退還給投資人，這種機制促使 SPAC 努力尋找可以合併的運營公司。2020 年和 2021 年時，一些優質的 SPAC 所合併的公司，不過是一些只有商業企畫、沒有營收或獲利的公司，這些還沒準備好掛牌的公司採用這條簡單的捷徑上市，結果合併後股票就不可避免地開始暴跌。

這樣的過程為投資人創造了一些從 SPAC 中賺錢的機會，在某些情況下風險極低。在關於 SPAC 章節中，我詳細討論了這種策略的細微差別，並介紹了 SPAC 為投資人提供的各種機會。

公司分拆：從短期波動中尋找長期價值

每隔一陣子就會有一部電影續集或是衍生的電視影

集出現，而且比原版的電影或影集更成功。相當具有娛樂性的小小兵是衍生自電影《神偷奶爸》（*Despicable Me*），而《死侍》（*Deadpool*）則是衍生自《X 戰警：金剛狼》（*X-Men Origins: Wolverine*）。

美國企業也有類似的東西，整間公司在大企業的內部遭受壓抑，並渴望通過分拆獲得自由。

電影《賽道狂人》（*Ford v Ferrari*）敘述義大利汽車巨頭飛雅特（Fiat）如何從福特（Ford）手中搶走法拉利（Ferrari）。原本法拉利一直在與福特談判收購事宜，飛雅特卻在最後一刻突然出現，贏得了這筆交易。飛雅特從 1969 年開始持有法拉利 50% 的股份，到 1988 年擴大至 90%，法拉利在其母公司旗下營運了數十年，最終在 2015 年被分拆為一間獨立的上市公司，而且股票代號很有意思，就是 RACE（比賽）。

法拉利成為一間上市公司後，一開始股價下跌，且第一年大部分時間表現都落後標普 500 指數，後來法拉利開始飆漲，最初的 5 年大漲 237%，相較之下，標普 500 的漲幅只有 67%。

這種最初表現不佳，後來超越大盤的模式是分拆公司的一個特徵，而不是缺陷。當公司從母公司中分拆出

來時，大型基金和專業投資人通常不想在投資組合中保留分拆出來的公司，並傾向於在分拆後不久就出售持股，因此會產生暫時的拋售壓力，但這也為願意承受短期波動的投資人帶來機會。

我在本書的〈公司分拆〉章節中探討不同類型的分拆，以及如何確定分拆出來的公司或母公司，哪一個才是比較好的投資。

經營團隊變動：新領導者帶來的翻盤可能性

當你聽到亨利·福特（Henry Ford）、瑪麗·巴拉（Mary Barra）、霍華德·舒茲（Howard Schultz）、傑夫·貝佐斯（Jeff Bezos）和李光耀的名字時，你會想起一位重塑整個產業的創辦人、一位拯救大企業擺脫平庸的執行長、一位改變我們咖啡消費方式的企業家、一位給了我們「電商之王」的有遠見領導者（Everything Store），以及讓一個小島國被全世界看見的政治人物。

這些領導者富有創新精神，他們辛勤工作不知疲倦，他們激勵員工、夥伴和追隨者創造一些特別的東西。我們一次又一次看到，當富有遠見的創辦人或執行長離

開時，公司如何步履蹣跚、迷失方向。這也是霍華德·舒茲回任星巴克執行長的原因之一，而且不只回任 1 次，而是 2 次。這些所謂的回鍋執行長包括戴爾（Dell）的麥克·戴爾（Michael Dell）、蘋果（Apple）的史帝夫·賈伯斯（Steve Jobs）、推特的傑克·多爾西（Jack Dorsey）等等。

小威廉·福特（William Ford Jr.）是福特汽車公司創辦人亨利·福特和泛世通輪胎橡膠公司（Firestone Tire and Rubber）創辦人哈維·泛世通（Harvey Firestone）的曾孫，於 2001 年至 2006 年擔任福特執行長。他認為自己比較適合擔任公司的董事會執行主席，便在 2006 年從波音公司挖角艾倫·穆拉利（Alan Mulally），加入福特擔任執行長。穆拉利對福特恢復獲利扮演著重要的角色，並帶領公司度過了大衰退（the Great Recession），幫助福特避免了美國其他大型汽車公司逃不過的破產命運。

鑒於最高層的領導者可能對組織產生重大影響，投資人必須注意投資組合中公司的經營團隊變化。一位有著成功紀錄的領導者加入一間陷入困境的公司，也可能是向投資人發出的重要訊號。

本書的〈經營團隊變動〉章節，將強調新人事任命以及高層去職的訊號和警訊。

　　以上就是對本書討論的每個事件投資策略的簡介，接著我們將開始仔細研究每種策略，並經由多個案例研究更詳細地探索。

NOTE

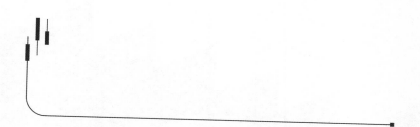

Insider Transactions

Stock Buybacks

SPACs

Spinoffs

Management Changes

第2章

Merger Arbitrage

併購套利

Merger Arbitrage

想像一對夫婦即將在婚禮當天交換誓言，這時牧師說出了那句傳統的話：「如果有人反對，現在提出來，否則請你永遠保持沉默。」在資訊不像現在這麼發達的中世紀，教會在婚禮中加入了這句話，把任何問題都攤在陽光下。

　　在大多數婚禮中，如果沒有人提出反對意見，婚禮就會繼續進行。然後新婚夫妻心中懷著愛意和對美好未來的憧憬步出教堂。

　　企業界的併購也非常類似。當兩間規模相當的公司合併時，被稱為對等合併（merger of equals）；當Google這樣的大公司收購一家規模較小的公司，例如可穿戴設備製造Fitbit，就被稱為收購（acquisition），不過一些投資人，包括我在內，會將「併購」和「收購」這兩個詞交互使用。

　　併購有時是由投資銀行促成兩間公司的撮合，有時候需要長時間的接洽，有時則是在一次晚宴上以快得驚人的速度發生，然後兩間公司決定簽署一份最終的併購協定，接著，他們開始籌劃「大日子」，也就是要在哪一天完成。

　　兩間公司共同設想一個更美好的未來，透過結合雙

方的優勢和資產來實現協同效應（synergies），就像前面提到的婚禮一樣，在大多數情況下沒有人會反對合併，近95%宣布的合併案如預期完成。然而，偶爾也會有人決定不要保持沉默，提出反對的意見。

反對的原因可能是政府監管機關擔心併購會讓消費者選擇更少，併購後的公司可能會壟斷定價權。有時候則可能是一個持反對意見的股東，他認為心愛的公司正在被賤賣，應該要為股東賣一個更高的價錢。在極少數情況下，就算有銀行或第三人保證將協助提供交易需要的資金，但收購的人或公司可能還是會覺得自己無法籌措完成併購所需的資金。

我將在本章後面詳細討論這些令人掃興的情況。簡單來說就是，公司在完成併購前會面臨一些阻礙，而這些阻礙的潛在風險，則是為一群特殊的投資人提供了交易公開宣布後能從中獲利的機會。

這群特殊投資人被稱為套利者（arbitrageurs），他們會從那些不願等待併購最終是否能完成的長期投資者手中，買進正在併購或正在被收購的公司的股票。在我們深入探討為什麼套利者喜歡介入之前，我們要先從更廣泛的背景中討論套利這件事。

以極小風險換取獲利的套利方法

　　套利是一種市場中常見的投資策略，在這種策略中，一個人在一個市場買進資產，然後在另一個市場以更高的價格出售，以賺取兩個市場之間的價差。以最簡單的形式來說，這種策略預期能實現幾乎無風險的獲利，且交易阻力極小。

　　舉例來說，視生長的產地不同，番紅花的品質會有很大差異，而世界上最優質的番紅花生長在西班牙拉曼恰（La Mancha）的卡斯蒂利亞高原（Castilian plateau），從西班牙買進高品質的番紅花，然後在加拿大魁北克市以更高的價格賣出，就是一個簡單的套利例子。

　　上述中，套利交易的摩擦成本包括運輸費用以及運輸過程中貨物任何可能的損壞。顯然，交易者需要將珍貴的資金投入其中，並且受到供需週期的影響，以及最重要的就是競爭。如果其他人知道西班牙拉曼恰和魁北克市之間番紅花的巨大價差，他們就會開始進口相同的商品，獲利就會減少。換句話說，正如投資界常說的，這種獲利機會會被套利行為抹平。在我們所處的全球化世界中，過去的香料貿易商已被套利機制取代，如今你

在沃爾瑪（Walmart）和好市多（Costco）都可以找到拉曼恰番紅花。

金融市場上有多種形式的套利。某些公司的股票可能會在同一國家或跨國的多個市場上市。套利者過去常常觀察價差，在一個市場買進並在另一個市場賣出，以賺取獲利，不過由於這些價差都非常小，交易成本和匯差（如果是跨國貿易）可能會吃掉部分報酬。近年來，加密貨幣也採用同樣的策略，在一個國家買進比特幣，然後在另一個需求更大、價格更高的國家出售。

其他套利機會包括同一家公司不同類別股票之間的價差。例如線上房地產公司 Zillow 有 A 股（NASDAQ：ZG）和 C 股（NASDAQ：Z），由於投票權不同，這兩類股票通常會以不同的價格交易。Zillow 的 A 股賦予股東投票權，例如選舉新董事進入董事會或對公司收購進行投票，C 股持有者可以獲得與 A 股的股東相同的經濟利益，但是沒有投票權。

有多種股票類型的公司還有 Heico（NYSE：HEI. A 和 NYSE：HEI）、獅門娛樂（Lions Gate Entertainment，NYSE：LGF.A 和 NYSE：LGF.B），以及最有名的就是波克夏海瑟威公司（Berkshire Hathaway，

NYSE：BRK.A 和 NYSE：BRK.B）。除非公司發生一些事件例如收購其他公司、公司決定對某一類股票實施庫藏股，或是公司將股票從櫃買（OTC）市場轉到紐約證券交易所等主要交易所，否則價差不一定會縮小。

我見過的最奇特的雙重股票套利案例發生於 2023 年中，地區性銀行第一公民銀行股份（First Citizens Bank，NASDAQ：FCNCA）在矽谷銀行（Silicon Valley Bank）倒閉後，由聯邦存款保險公司（Federal Deposit Insurance Corps）斡旋，以非常有利的私下交易收購矽谷銀行。2023 年 6 月 23 日，第一公民 B 股（OTC：FCNCB）以每股 1,050 美元價格交易，而 A 股當天的收盤價為 1,208 美元。奇怪的是，該公司每股 B 股有 16 票投票權，而每股 A 股只有 1 票投票權，通常擁有更多投票權或享有更高股息分配的股票應該相對其他類別股票溢價。然而，在此案例中，唯一合乎邏輯的解釋是，B 股並未在像紐約證券交易所這樣的主要交易所上市，其交易量較低所致。

封閉式基金套利和統計套利（statistical arbitrage，英文簡稱 stat arb）是老練的散戶投資人和專業投資人採用的另外兩種策略。封閉式基金是一種投資公司，透過

首次公開發行新股（IPO）募集固定金額的資金，然後像股票一樣在交易所進行交易，掛牌交易後，基金通常不再發行更多股份。2023 年中，大約有 480 支封閉式基金在美國證券交易所交易。封閉式基金採主動式管理，通常比開放式基金或 ETF 收取更高的費用。

封閉式基金的市價可能與其標的資產（Underlying Assets）的價值（也稱為資產淨值，NAV）不同，如果基金的交易價格高於資產淨值，則稱為溢價，如果市場價格低於其資產淨值，則稱該基金處於折價狀態，若折價顯著擴大，會為投資人提供以遠低於其資產淨值買進的機會。

基金之所以出現折價狀況，可能原因包括績效不佳、管理能力不足，或配息水平低於同業或市場預期。

封閉式基金的溢價和折價通常會持續很長一段時間，而且往往必須有外部行動才觸發溢價或折價的變化。其中一項外部行動是該基金回購自己的股票，例如高地收入基金（Highland Income Fund，HFRO）在 2023 年5 月決定進行的回購行動。

封閉式基金套利的一種形式，就是用以低於平常資產淨值的折價買進封閉式基金，並等待折價幅度縮小。

統計套利也是一種投資策略，透過追蹤多支股票的價格走勢，找出兩支或多支通常表現趨於一致的標的。舉例來說，如果百事可樂的股票上漲，投資人可以合理地預期可口可樂的股票也會上漲，當原本兩種高度相關的證券價格突然出現背離時，就會觸發統計套利交易。統計套利系統會基於這兩種證券的相關性使其最終再次趨於一致的預期進行交易，但這種一致性並不一定展現在價格上。

這些用於識別和執行統計套利策略的系統通常使用電腦程式自動化完成，且主要是專業投資人採用。

馬斯克買下推特的精彩故事

本章的重點是併購套利策略，伊隆·馬斯克（Elon Musk）於 2022 年收購推特（Twitter），為理解這個策略提供了完美的背景。

推特（NASDAQ：TWTR）有很多暱稱，包括「數位城市廣場」到「掉進金礦裡的小丑車」[1]。我記得幾年

---

1 譯註：臉書創辦人祖克伯用這句話來形容推特的管理不佳。

前，當我告訴他們推特透過廣告和出售其資料的存取權，1 年營收高達 20 億美元，人們聽到時都感到很驚訝。儘管股價大起大落，但成為上市公司的 9 年中，推特有 8 年的營收都在增加，從 2012 年的 3.17 億美元成長到 2021 年的 50 億美元。

推特的淨利波動較大，不幸的是，股東們就像被留在小丑車後座一樣，無法掌控局面。像我這樣持有這支股票好幾年的長期投資者認為，推特有很大的潛力，公司現在的表現仍只發揮了一小部分而已。公司兼職執行長試圖同時管理推特和 Block（NYSE：SQ）[2] 兩間大型上市公司，這對於推特的發展完全沒有幫助。

馬斯克在推特上擁有巨大的影響力，關注他的人遠超過推特的共同創辦人傑克‧多爾西（Jack Dorsey）。馬斯克看到了推特在累積特斯拉聲勢方面產生的作用，而他恰好與多爾西是朋友。

他在 2022 年初開始悄悄累積推特的股份，4 月提交給美國證券交易委員會（SEC）的一份法規檔案中，他透露已經收購了推特超過 9% 的股份。

---

2 譯註：Block 是前推特執行長多爾西投資創立的支付公司。

▪ 簡短故事：可能是你知道的版本

馬斯克和推特之間的事，可以簡單概括如下：

馬斯克：我有推特的股份，我想要參與公司的經營。

推特：好啊，要不要加入我們的董事會？

（與多爾西、推特執行長帕拉格·阿格瓦爾（Parag Agarwal）的對話）

馬斯克：我不要加入董事會了，我想買下整間公司。

推特：我們不賣。

馬斯克：你們有很嚴重的假帳號問題，我想解決。

（眾所皆知，推特有假帳號的問題，在證交會檔案中有詳細的說明，推特擁有自動和手動系統，每天可以清除 100 萬個假帳號。(3)）

馬斯克：如果你不同意出售，我會直接跟你的股東買。

（在推特上發布民意調查，有傳言稱有幾家私募股權公司參與其中。）

推特：那我們就會採取「毒丸條款」（poison pill provision）。

（毒丸條款正式名稱為股東權利計畫，是公司為了阻止惡意收購可以採用的一種防禦機制。這個機制

允許他們發行大量股票，稀釋惡意收購者的股份。）

馬斯克：我已經募集了 465 億美元的資金，每股 54.2 美元是我的最終報價。

（馬斯克獲得包括多爾西在內的一些現有推特投資人承諾，將他們的股份轉入新的非上市公司，還獲得了許多機構和超級富豪私人投資人的承諾，例如甲骨文創辦人賴瑞·艾里森。）

推特：好吧，我們讓步，你可以擁有這間公司。

（當時成長型股票持續大幅下跌，社交媒體公司首當其衝。同時，烏克蘭爆發了戰爭。）

馬斯克：你們的假帳號問題很嚴重，我要擱置這筆交易。

推特：併購協定的交易不能被「擱置」。

馬斯克：你們沒有履行義務，我不要買了。

推特：我們法庭上見。

（當事雙方各自在法庭上辯論立場，他們在庭外和解，並以商定的價格完成交易。）

▪ **完整版故事：兩家公司的角力戰**

馬斯克一直針對加入推特董事會進行對話，但後來改變了態度，決定買下整間公司。在以每股 54.2 美元的

價格提出收購要約，在顯示他已準備好資金的跡象之後，董事會於 2022 年 4 月 25 日與馬斯克接觸，並同意達成協議。雙方簽署了一份併購協定，其中規定：

- 關於推特最終價格的條款；
- 交易預計完成的時間；
- 其他競標者的資訊；
- 交易所需的監管批准；
- 推特業務所在的其他國家批准要求；
- 如果交易未完成應支付的終止費；
- 以及其他更多細節。

這種併購協議通常會長達 100 頁或更多，在一個不同的年代，也就是幾十年前，當併購的公司向美國證券交易委員會提交併購協議書後，從事併購套利策略的基金經理人會立即付錢找人取得併購協議的紙本副本，並要求盡快將副本寄給他們或打電話提供他們詳細資訊。

而現在，在提交給美國證券交易委員會後幾分鐘，你就可以從美國證交會的電子資料庫系統（EDGAR）中取得一份副本。推特的股價在交易宣布後不久收在

51.7 美元，比 54.2 美元的收購價格低了約 5%。一些推特的長期投資人可能會在交易宣布後退出，而像我這樣使用併購套利策略的投資人則會介入。

併購套利也被稱為風險套利，顧名思義，套利者願意承擔交易可能無法完成的風險。如果這筆交易沒有完成，推特的股價可能會跌回到交易宣布之前的價位，或是馬斯克主動出價之前的價位。套利者希望獲得當前市場價格與公司預期被收購價格之間的差額，這就是承擔這種風險的報酬，這種差額被稱為套利利差（spread）。

馬斯克收購推特的過程比間諜小說還要曲折離奇，整件事最後會成為商學院和法學院的案例研究、被寫成書，甚至可能成為電視影集的主題。

到了 2022 年 7 月 11 日，推特的股價已跌至 32.65 美元，比合併協議中的價格低了超過 21 美元，交易的價差已擴大至驚人的 66%。如果投資人在當天收盤時買進推特的股票，且併購交易在 2022 年底之前完成，他們將在不到 6 個月的時間內獲得 66% 的報酬率。

為什麼儘管簽署了併購協議，市場仍如此大幅打擊推特的股價？

在經歷了一段旋風般的接洽和一些最初的阻力之

後，推特的董事會和經營團隊同意將公司出售給馬斯克。大多數收購方在對另一家公司提出收購之前，都會經過漫長的調查過程，到簽署併購協議的時候，他們對所收購的業務已經非常了解。

馬斯克在簽字後，對併購案的交易熱情很快就降溫了，他想退出這筆交易。他開始在公開場合挑戰推特的假帳號問題並貶低其員工，但是併購協議中有一項明確的條款禁止他這麼做。他一度在推特上發文說這筆交易被擱置，引發了人們猜測他試圖退出或迫使推特董事會重新談判這筆交易。

為什麼馬斯克突然反悔了？2022 年對市場來說是充滿挑戰的一年，曾經是華爾街寵兒的成長型股票突然失寵了，而且價格像自由落體。高成長公司為了尋找新客戶在廣告上花費的大量資金開始縮減，Meta 平台（前稱「臉書」）、推特、Snap、Pinterest 和 Nextdoor 等社交媒體公司也受到了影響。之後，烏克蘭的衝突演變成一場全面的戰爭，美國通貨膨脹率來到接近 40 年來的最高水準。

馬斯克一直在出售他持有的特斯拉股票，為收購推特提供資金，但是特斯拉股價也跟著市場一起下跌，對

他的收購案沒有幫助。他並沒有「擱置交易」或在簽署最終併購協議後退出交易的想法，馬斯克的推文都是為了讓董事會重新談判的策略，但董事會公開表示他們不願意配合。

正式的併購協議通常有一項「特定履行條款」（specific performance clause），規定公司可以起訴收購方，迫使其完成合併或承擔損害賠償責任。大多數沒有涉足併購領域的投資人都有一個誤解，以為馬斯克可

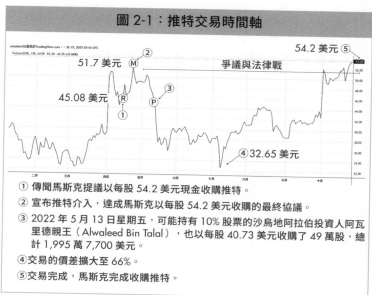

圖 2-1：推特交易時間軸

① 傳聞馬斯克提議以每股 54.2 美元現金收購推特。
② 宣布推特介入，達成馬斯克以每股 54.2 美元收購的最終協議。
③ 2022 年 5 月 13 日星期五，可能持有 10% 股票的沙烏地阿拉伯投資人阿瓦里德親王（Alwaleed Bin Talal），也以每股 40.73 美元收購了 49 萬股，總計 1,995 萬 7,700 美元。
④ 交易的價差擴大至 66%。
⑤ 交易完成，馬斯克完成收購推特。

資料來源：tradingview

以透過支付終止費來退出這筆交易，但對於收購方來說，並不能輕易地僅支付終止費（在推特的案例中為 10 億美元）就退出交易。

併購協議是沒有漏洞的法律文件，僅有少數特定條款允許收購方退出協議。對於收購方來說，若要退出協議就必須證明發生了重大不利變化（Material Adverse Change，MAC），這在某些方面類似於一般合約中經常看到的不可抗力（force majeure）條款。不可抗力條款是指「天災」，例如地震或龍捲風，合約的任何一方都無法對此負責。

如果收購方簽署併購協議後試圖退出，公司可以將收購方告上法院，讓對方履行並完成合併。根據公司註冊地的不同，這些案件大多數最終都會在德拉瓦州衡平法院（Delaware Court of Chancery）審理，馬斯克和推特之間的爭議就是這種情況。

超過 100 萬間企業，包括財星 500 大企業的 60% 在德拉瓦州註冊成立，因為德拉瓦州不對在該州註冊但未在德拉瓦州營運的公司徵收任何營業稅。另一個原因是，德拉瓦州衡平法院在處理商業糾紛上備受推崇且歷史悠久，法院是由具有公司法專業知識的法官裁決，而

不是由陪審團決定的。

　　除非收購方能夠證明發生了重大不利變化，否則法院可能會讓收購方履行協議並完成合併。通常，雙方透過議定的條款完成併購，或以原始價格的小幅折價達成庭外和解。

　　在新冠肺炎初期，一些收購者確實試圖透過聲稱疫情是不可抗力來退出併購案，但最後仍被迫完成收購，不過在某些情況下是以較低的價格完成收購案。思普科技（Forescout Technologies）於 2020 年 5 月向德拉瓦州衡平法院提起訴訟，聲稱安宏資本（Advent International）違反了其併購協議的條款。不到 1 個月後，兩間公司同意重新談判，將收購價格從原本的每股 33 美元全現金價下調至每股 29 美元，最後交易於 2020 年 8 月完成。

　　新冠疫情期間最引人注目的併購案，就是 LVMH 集團和 Tiffany 之間的併購戰，前者是一間擁有路易威登（Louis Vuitton）、迪奧（Christian Dior）、唐培里儂（Dom Perignon）、泰格豪爾（Tag Hauer）和絲芙蘭（Sephora）等 75 個品牌的歐洲精品公司，試圖放棄以 162 億美元全現金收購美國珠寶商 Tiffany ——你已經知

道這個故事的結局是什麼了。我們在 2020 年 11 月的「併購套利星期一」專欄以〈Tiffany 死而復生〉為題的發文中，概述兩間公司決定在德拉瓦州衡平法院解決未決訴訟，並同意每股 131.5 美元的價格達成交易，相較於最初協議的每股 135 美元現金收購價略有下調。

雖然安宏資本在收購思普的交易中，成功將收購價下調了 12.12%，但是 LVMH 僅降低不到 3% 的價格，有時你必須為品質付出代價。

就像 Tiffany 和 LVMH 對簿公堂一樣，推特在德拉瓦州衡平法院對馬斯克提出訴訟，馬斯克試圖延遲案件的審理。最高法院大法官凱薩琳·麥考密克（Kathaleen McCormick）決定親自審理此案，她是德拉瓦州法院 230 年歷史中第一位女性法官。

為了證明推特的假帳號問題嚴重，馬斯克的律師試圖利用向推特索取大量數據，給推特帶來沉重的負擔。德拉瓦州的法官駁回了這項要求，並指出：「被告的資料請求範圍廣得離譜。照字面上意思來看，被告要求原告提供數兆個資料點，這些資料點反映了推特可能在近 3 年來，每天大約 2 億個活躍使用者（mDAU）的帳戶中其個別儲存的所有資料。原告很難量化回應這個請求

的負擔，因為沒有一個頭腦正常的人曾經嘗試這麼做。」

此案的被告是馬斯克，原告是推特，活躍使用者則是社交媒體公司通常用來追蹤其平台上活動量的指標。馬斯克試圖表達他願意按照原始條款完成交易來避免法律訴訟，但是，在馬斯克公開貶抑推特及其經營團隊好幾個月後，推特並不相信他的話，並希望此案按原訂計畫進行。

在訴訟過程中，馬斯克的律師提到了推特的前安全主管 Peiter "Mudge" Zatko 提出的問題，他曾提交一份告密者投訴，指控推特在安全控制方面存在疏漏，並存在垃圾郵件帳號問題。

任何關注推特一段時間的人都知道該公司面臨的經營問題，早期網站經常斷線以及平台上有假帳號的事。事實上，馬斯克曾公開表示，他想清除平台上的垃圾郵件假帳號，這表示他本來就知道這個問題。馬斯克的律師試圖辯稱，即使馬斯克在簽署最終併購協議之前對公司進行了深入的盡職調查，但推特會隱藏諸如 Mudge 的指控。麥考密克法官的回應被記錄了下來，她說：「我們無從得知盡職調查會產生什麼結果，因為根本就沒有進行盡職調查，對吧？」

經過幾天的審議，當馬斯克表示將完成交易時，推特的併購案審理被暫時擱置，但麥考密克法官明確指出，如果交易在 10 月 28 日下午 5 點之前沒有完成，她將安排在 11 月恢復訴訟。最終，交易在 10 月 27 日以最初議定的價格每股 54.2 美元完成。

套利利差、完成日和年化報酬率的影響

交易的套利利差可能很大，例如微軟收購遊戲公司動視暴雪（Activision Blizzard）的案例。微軟（NASDAQ：MSFT）同意以每股 95 美元的現金收購動視（NASDAQ：ATVI），但在 2023 年 5 月，動視暴雪的股票在公開市場上的交易價格僅每股 78 美元。如圖 2-2 所示，當時這項投資的利差或投資報酬率將近 22%。

說明一下，我用一個名稱為「併購套利工具」（Merger Arbitrage Tool，MAT）的程式，在我的網站 InsideArbitrage 上追蹤美國所有進行中的交易的價差（圖 2-3）。

動視暴雪交易的價差很大，原因在於美國聯邦貿易委員會（FTC）或其他外國監管機關可能會出於反競爭

圖 2-2：動視、微軟的交易價差

目前價格 78美元

交易價格 95美元

價差 → 22% 投資報酬率

資料來源：InsideArbitrage

圖 2-3：併購套利工具						單位：美元
收購方	標的公司	交易類型	成交金額	交易價格	預計完成日期	回報率（％）
Unity(U)	IS	股票	36.1 億	6.37	2022 12/31	58.79
Shift Technologies, Inc.(SFT)	LOTZ	股票	123 萬	0.85	2022 12/31	41.89
JetBlue Airways Corporation (JBLU)	SAVE	現金 ＋ 股票	76 億	33.5	2024 6/30	36.35
MaxLiner,Inc(MXL)	SIMO	特殊 *	80 億	109.62	2023 6/30	32.69
Intercontinental Exchange,Inc.(ICE)	BKI	現金	160 億	85	2023 6/30	26.60

資料來源：InsideArbitrage

的理由試圖阻止該交易。索尼（NYSE：SONY）和藝電（NASDAQ：EA）可能不會太高興看到微軟擁有動視的熱門遊戲，像是《決勝時刻》、《星海爭霸》、《魔獸世界》、《暗黑破壞神》等。

　　遊戲玩家有時是根據遊戲機上的獨家遊戲而購買遊戲主機，像是熱門的第一人視角射擊遊戲《最後一戰》（Halo）只有在 Xbox 遊戲機和 Windows PC 上可使用，如果微軟把《最後一戰》和《決勝時刻》限制在 Xbox 等單一平臺上使用，可能會讓微軟比索尼的 PlayStation 更有優勢。

　　小價差的交易，例如甲骨文收購電子健康記錄軟體公司 Cerner，截至撰寫本文時，該公司的交易價差僅為 1.3%。為什麼套利者想要參與一項報酬率只有 1.3% 的交易？因為他們認為 Cerner 交易完成的可能性非常高，且不介意在低風險環境中賺取 1.3% 的報酬。事實上，從 InsideArbitrage 資料庫中查看十多年的交易，我觀察到，在所有併購協議的交易中，大約有 95% 的交易最終會完成。

　　由於交易通常完成得相對較快（大多數在 4 個月內），套利者可以將交易結束後釋出的資金進行再投資，

以提高他們的年報酬率。

被收購的公司如果一直有支付股息的習慣，通常會在收購完成前繼續支付股息，這可以為投資者提供一個不錯的額外收益，進一步提高交易的報酬率。如果標的公司的年度股息收益率為 4%（在撰寫本文時，這是一筆豐厚的股利），並且交易預計將在 6 個月內完成，那麼在這 6 個月內獲得的股利就可以將報酬率提高 2%。顯然，並非所有收購方都這麼慷慨，有時會在併購協議中規定目標公司需要在特定時間停止支付股利。

如果一位套利者在字母公司（Alphabet，NASDAQ：GOOG）收購 Mandiant（MNDT）的交易中，4 個月內獲得了 4.5% 的報酬率，並且可以在 1 年內重複這個價差相似的過程 3 次，那麼在未計入複利的情況下，他們可以 1 年內賺取 13.5% 的報酬。這也是套利者經常關注每筆交易的「年化報酬率」的原因之一。對於在 1 季內就能完成而且價差為 4% 的交易，年化報酬率就可達非常吸引人的 16%。

當你開始以年化報酬率的角度思考併購套利機會時，預期的完成日期變得非常重要。通常公司無法提供具體的完成的日期，因為在宣布交易時有幾個未知數：

- 股東是否會批准這筆交易？或是否有夠多的股東要賣出他們的股份？
- 如果交易需要監管部門的批准，能順利通過嗎？
- 融資交易所需的時間會比預期的更長嗎？

公司通常會表示交易將在某個時間完成，例如當年第 4 季、隔年下半年、2024 年中或 2023 年第 3 季。為了計算年化報酬率，我對完成日期採用保守的方法，例如 2023 年宣布的交易，如果一間公司表示他們將在隔年的下半年完成交易，我就會以 2024 年 12 月 31 日為完成日期。

以這個保守的完成日期為基準線，就可以根據交易平均完成時間進行調整，並結合不同產業特定的完成時間、交易面臨的監管或融資風險等因素進一步分析。舉例來說，像輝瑞（Pfizer）這樣的大公司收購一間較小的製藥公司的交易，通常能在最短 3 個月內就完成。另一方面，基於國家安全問題且需要多個國家的批准，半導體的交易常常需要更長的時間。銀行和保險交易也需要更長的時間，因為許多監管機構都參與了審核過程。

分析 2010 ～ 2022 年間已完成的 2,320 筆交易清

單時，我注意到交易平均需要 131 天才能完成，完成時間的中位數是 107 天，少數交易拉長了平均值，例如聯合健康集團（UnitedHealth Group，NYSE：UNH）收購醫療支付公司改變醫療（Change Healthcare，NASDAQ：CHNG）花了 635 天才能完成，或是 AMD 收購賽靈思（Xilinx）則是花了 475 天才完成。

　　正如我們之前提到的，大多數交易會在 4 個月內完成，但是交易延遲對套利者的影響可能很大。如果你預期一筆價差為 4% 的交易將在 4 個月內完成，產生非常可觀的 12% 年化報酬率，如果交易延遲，結果花了 6 個月才完成，你的年化報酬率就只剩下 8%。

　　另一個需要注意的問題是，公司在正式的併購協議中通常會設定「最終截止日」（outside date）。這個日期通常比預期的結束日期還要晚得多，大多數交易在離最終截止日很遠時就結束了。但是，如果由於某種原因交易被嚴重延遲到最終截止日，雙方可以終止交易或延長最終截止日。此外，他們還可以多次延長最終截止日。

　　每隔一段時間，就會出現以負價差進行交易的情形，例如投資者願意支付高於交易價的價格買進股票，當住宅建商 D. R. Horton（NYSE：DHI）宣布以每股

15.75 美元的現金收購維德勒水資源公司（Vidler Water Resources）時就是這樣。

　　維德勒水資源公司在西部幾個州擁有水權，而美國西部經常處於嚴重乾旱，水權可能非常有價值，這是維德勒水資源公司在交易宣布後股價最高漲到 17.24 美元（也就是 9.5% 的負價差）的原因之一。原有投資者和交易宣布後買進的投資人，都希望會出現第三方來收購該公司，讓 D. R. Horton 和第三方掀起競標戰。這筆交易最終以議定的 15.75 美元的價格完成，令願意支付溢價以期獲得更高報酬的套利者失望了。

　　在併購交易中，競爭性的交易報價並不少見，近年來，由於資金取得容易且成本低廉，這類競爭的頻率有所增加。有時這會引發一場持續好幾輪的競標戰，這會讓套利者非常高興。例如捷藍航空（JetBlue，NASDAQ：JBLU）和邊疆航空（Frontier Airline，NASDAQ：ULCC），為收購精神航空（Spirit Airlines，NYSE：SAVE）展開了 4 個月的競標戰。兩間公司經過 7 輪來回，最終捷藍航空出價比邊疆航空高出 32% 而贏得了競標戰，且如果監管機構阻止這筆交易，捷藍航空將支付精神航空 4 億美元的終止費。

另一場爆發的競標戰，是 AT&股份公司旗下有關 AT&T（NYSE：T）和威訊通訊（Verizon，NYSE：VZ）競購 Straight Path Communications 之爭，使得股價比原始交易價格幾乎漲了 1 倍。併購套利策略的批評者經常把注意力集中在交易失敗上，而忘記了陷入競標戰交易所帶來的好處。

接下來，我們要探訪不同類型的交易（全現金交易、現金加股票交易等）、交易不同階段，如何運用不同的併購套利策略。

交易類型和賺取價差的方法

接下來，我們將深入探討各種類型的交易，以及套利者如何在每種情況下賺取價差。

截至 2022 年 4 月 26 日上午，推特的股價為每股 50 美元，價差約為 8%。如果套利者在那天買進推特股票，並且併購交易在年底前完成，他們就可以在 8 個多月內獲得 8% 的報酬率──年化報酬率為 12%。當交易結束時，投資人的帳戶中會有現金，因為這是一筆「全現金」交易，就像微軟收購動視暴雪（NYSE：ATVI）一樣。

但並非所有交易都是以現金支付，還有其他類型的交易，包括：

- 全股票交易
- 現金加股票交易
- 現金或股票交易
- 包括上領機制[3]（Collar Mechanism）的交易
- 特殊條件及期待價值權（CVRs）交易

▪ 全股票交易

保險公司 Lemonade（NYSE：LMND）收購 Metromile 案就是一筆全股票交易。Metromile 的股東每持有 19 股 Metromile 股票，即可獲得 1 股 Lemonade。2022 年 5 月 6 日，該交易的價差為 14.06%，如果交易依照預期在 2022 年 6 月底完成，年化報酬率將達到 93.31%。最終交易的完成時間被延後，在大約 1 個月後的 2022 年 7 月 28 日完成。

---

3 譯註：可參考台積電網站對上領機制的解釋：「在併購契約中增訂了一些特定條件，使得換股比例可依據未來公司的股價變動而上下調整」。

在全股票交易中賺取價差的一個挑戰是，收購公司價格的任何變動會影響標的公司（如 Metromile）的價格。舉例來說，假設你在 2022 年 5 月 6 日以每股 1 美元的價格買進 Metromile，而該併購交易的估值為每股 1.14 美元，在套利情況下可賺取 14% 的獲利。假設隔天 Lemonade 意外地宣布了一些壞消息，股價大幅下跌 20%，由於 Metromile 交易是全股票交易，你可以合理預期 Metromile 的股票也會下跌約 20%，導致當下你不但未獲得併購交易結束時的 14% 獲利，反而持有一個虧損部位，且不知道最終併購完成時能得到多少錢。

為了避免這種情況，套利者會透過放空收購公司的股票來「鎖定全股票交易的價差」。

放空者一開始向券商借股票來出售他們手中還沒有的股票，並且打算之後以較低的價格買回股票還給借券的券商。換句話說，如果一切按照計畫進行，他們會賣高買低。另一方面，如果股票價格上漲，放空者最終會虧損，並在某個時候會被迫買回股票平倉以彌補他們的部位。放空套利不是為了從被放空公司的股價下跌中獲利，而是為了鎖定交易的價差。

舉例來說，為了獲得 Metromile 交易的價差，

套利者每持有 19 股 Metromile 股票，就會放空 1 股
Lemonade。當交易完成時，他們收到的 Lemonade 股票
抵消了放空的部位，進而實現約 14% 的報酬率，但是這
並沒有把借券部位的成本費用計算進去。

此外，這也沒有計入套利者必須為放空部位支付的
股利。當你擁有一支股票，可以收取公司支付的任何定
期或特別股利，反過來說，如果你借入收購公司的股票
來放空，你現在有責任支付該公司可能發放給借出股票
者的任何股利。

全股票交易的風險在於，如果交易失敗，不只是
Metromile 可能會跌至交易前的價格，而且 Lemonade
的股票可能會上漲，因為套利者會回補他們的空頭部位，
或是市場普遍對 Lemonade 退出交易感到滿意。如果交
易失敗，這將給套利者帶來雙重打擊。

放空面臨的挑戰，是許多套利者比較偏好全現金交
易的原因之一。

▪ 現金加股票交易

另一種常見的交易類型是以現金支付部分交易，以
股票支付另一部分交易的收購方式，固特異輪胎橡膠公

司（Goodyear Tire & Rubber，NASDAQ：GT）以 25
億美元收購固鉑輪胎（Cooper Tire）是一個很好的例
子。根據交易條款，持有固鉑輪胎的股東，每股可獲得
41.75 美元的現金和略低於 1 股的固特異股票（準確地
說是 0.907 股）。

　　這筆交易的價差並不是特別大，但在交易宣布後的
兩個時間點，價差略高於 3%。為了鎖定這筆交易的價
差，固鉑的股東每持有 10 股固特異股票，就必須放空 9
股固特異股票。當交易於 2021 年 6 月完成時，距併購案
宣布後只過了 105 天，固鉑的股東就收到了每股 41.75
美元的現金，而收到的固特異股票則抵消了放空部位。

▪ 現金或股票交易

　　接著還有一種是現金或股票交易，在這種交易中，
股東可以選擇接收被收購公司的現金或股份，且通常有一
個按比例分配的條款，例如，70% 的對價（consideration）
以股票支付，其餘部分以現金支付。也就是說，如果太
多股東要求獲得現金而選擇獲得股票的人不足，公司就
會按比例分配。在這些情況下賺取價差很棘手，因為你
不知道可能會收到的報酬是現金、股票，或是現金與股

票的組合。

■ **上領機制**

　　最後一種類型的交易是引入「上領機制」的交易，意思是交易的股票部分不是固定比率（例如，每股固鉑股票兌換 0.907 股的固特異股票），而是根據收購公司股票價格的變化而調整。兩方互動軟體公司（Take-Two Interactive，NASDAQ：TTWO）在 2022 年 1 月宣布收購星佳（Zynga），並在 4 個多月後完成。根據該交易條款，星佳的股東每股應該獲得 3.5 美元現金以及 6.361 美元價值的兩方互動軟體股票，但是這 6.361 美元的部分受到「上領」的約束。

　　根據併購協議的定義，如果兩方互動軟體在交易完成前三個交易日結束的 20 日成交量加權平均價（VWAP）介於 156.5 ～ 181.88 美元之間，則兌換率將進行調整，以確保星佳股票維持每股 9.86 美元（包括 6.36 美元股票價值和 3.5 美元現金）的總對價價值（consideration value）。如果 VWAP 超過該範圍的上限，則交換比率為每股 0.035，如果 VWAP 低於該範圍的下限，則交換比率將為 0.0406。

如果你看得頭暈目眩，別擔心，不是只有你有這種感覺。簡單來說，兩方互動軟體將這筆交易設計成，支付給星佳股東的交易對價中有超過 64% 是以星佳的股票支付，併購協議中的條件規定，根據兩方互動軟體的股價在交易結束前幾天的走勢，星佳股東獲得兩方互動軟體的股數可能會增加或減少。

這筆交易最終在 2022 年 5 月 23 日完成，兩方互動軟體指出，星佳股東獲得了 3.5 美元的現金和 0.0406 股兩方互動軟體的股票。當這筆交易於 2022 年 1 月宣布時，兩方互動軟體的股價超過每股 210 美元，到了交易完成時，兩方互動軟體股價大幅跌至 123.62 美元。由於股票對價部分的比例達到了併購協議中對價調整機制的下限，因此星佳的股東每 1 股獲得了兩方互動軟體 0.0406 股。這就是我在併購套利工具中將這類交易歸類為「特殊條件」交易的原因之一，而且這類交易必須不斷重新計算交易的價差。

特殊條件及期待價值權（CVRs）

有一些獨特的情況可能會影響價差，例如在交易接

近完成時支付的特殊股息。我們曾經看到這種情況在聯合健康集團（UnitedHealth Group，NYSE：UNH）收購改變醫療（Change Healthcare）時發生。由於遇到監管問題，聯合健康決定在原先每股 25.75 美元的全現金交易基礎上，額外支付每股 2 美元的特殊股息，該特別股利將在交易完成或接近完成時支付。

另外兩種獨特情況包括：標的公司一部分業務在併購完成前以獨立上市公司分拆出來，就像黑石集團收購藍岩住宅成長不動產投資信託基金（Bluerock Residential Growth REIT，NYSE：BRG）的情況，以及併購對價的一部分以期待價值權的形式支付。

期待價值權在私募市場通常被稱為盈利結算（earn-out），喬爾・格林布拉特（Joel Greenblatt）在他的書《你也可以成為股市天才》（*You Can Be a Stock Market Genius*）[4] 中將這稱為併購證券。我覺得期待價值權很吸引人，因為這包括一個好處，如果在交易完成後達到某些里程碑，將來投資人可以獲得一筆或多筆額外的付款。如果交易的價差為正且交易完成的風險較低，你可以把期待價值權當成一張免費或幾乎免費的樂透彩券。

期待價值權經常出現在製藥、生技類型的交易中，

因為被收購公司可能擁有尚在研發中的藥物，這些研發中的藥物可能會在交易完成後很長一段時間才獲得批准。我也曾見過與房地產處置相關的期待價值權，發生在博龍資產管理（Cerberus Capital Management）收購喜互惠（Safeway）的交易。並非所有的期待價值權都會帶來收益，但對於那些成功的案例，例如 2015 年收購 Safeway 或 2016 年 Allergan 收購 Tobira Therapeutics，就提供了額外的可觀回報。我參與了這兩筆交易，因為併購價差夠大，幾乎讓期待價值權變成免費的額外收益。

後續步驟和監管流程

本章前面與併購套利策略的機制有關，我們現在要探討併購過程後續可能出現的狀況，尤其是監管因素，這對交易完成的可能性有非常大的影響，進而影響套利者可獲得的價差。

▪ 尋求新的競價者

某些併購協議有一個 go shop 期限（意願期），被併購的標的公司可以向外尋求其他有興趣的收購者，通常被

併購的公司有 25～45 天的時間去爭取競爭對手出價。

　　由於多數交易在併購協議簽署之前，就已經被投資銀行尋找過其他有興趣的對象，因此我們很少看到在併購協定簽署期間出現新的出價，例如波克夏海瑟威（BRK.A）收購 Alleghany（Y）就沒有新的競爭者出現。

▪ 股東抵制

　　大多數併購交易需要股東同意，機構投資人服務（ISS）等企業治理公司通常會提出他們的建議。股東試圖阻止交易的情形並不常見，但確實會發生。一個例子是 WindAcre Partners 在 2022 年 4 月就 Brookfield 和激進投資公司 Elliott Investment Management 收購尼爾森（Nielsen Holdings）的交易提出反對意見。為了阻止這筆交易，WindAcre 開始買進更多的股票，並且最後擁有尼爾森 27% 的股份。在尼爾森與 WindAcre 和某些其他投資人達成協議後，交易被允許完成，該協議允許 WindAcre 在交易完成後向尼爾森額外投資 5 億美元。該交易最終於 2022 年 10 月完成，距離宣布隔了 196 天。

　　甲骨文（Oracle，NYSE：ORCL）於 2016 年欲收購 Netsuite，普徠士（T. Rowe Price）因收購價格太低

而提出反對，但未能阻止這筆交易，因為甲骨文創辦人賴瑞・艾利森（Larry Ellison）已經擁有 NetSuite 40%股份；連鎖藥妝店來德愛（Rite Aid，NYSE：RAD）的股東不想讓公司與亞柏森超市（Albertsons）合併，取消了這筆交易。此外，2021 年，Five9（NASDAQ：FIVN）的股東也拒絕了與 Zoom（NASDAQ：ZM）的全股票交易。

但回顧 2021 年 9 月以來科技股的情況，Five9 的股東接受了交易還比較好，而 Rite Aid 於 2023 年 8 月跌到變雞蛋水餃股，預計該公司將在本文撰寫之時申請破產[4]，如果當初股東沒有投票反對 Albertsons 的交易，本來可以避免這種情況發生。

▪ 監管事項

接下來談到監管程序，根據《哈特 - 斯科特 - 羅迪諾法案》（Hart-Scott-Rodino，HSR），參與大型併購或收購案的公司，必須提交併購前通知並等待政府審查。

---

4 譯註：Rite Aid 於 2024 年 6 月底請求美國破產法院批准其重組計畫，尋求削減 20 億美元債務。

這被稱為 HSR 申報，並啟動一個為期 30 天的政府審查期限。2023 年提交 HSR 文件的門檻為 111.4 億美元，且每年都會調整。公司必須向聯邦貿易委員會和司法部提交申報，但只有一個機構會審查交易，確定是否存在反競爭的問題，以及允許交易繼續進行是否會給合併後的公司帶來不公平的定價權或獲得大量數據的控制權。

一旦 30 天的審查期開始，可能會有以下幾種情況發生：

- 如果聯邦貿易委員會或司法部認為不需要對交易進行深入審查，則可以提前終止 HSR 等待期，公司可以繼續完成交易。
- 提交 HSR 文件的 30 天期限到期，而聯邦貿易委員會或司法部都還沒採取任何行動。
- 在與聯邦貿易委員會或司法部討論後，公司可以自願撤回 HSR 申請並重新提交檔案，如此可以給機構更多時間審查交易。
- 聯邦貿易委員會或司法部在完成初步審查後，可能向這些公司尋求更多資訊和文件，這被稱為「二次請求」。在提供所有要求的資訊前，公司

無法完成併購。

- 如果聯邦貿易委員會或司法部認為該交易具有反競爭性，他們可能會提起訴訟以阻止交易，例如，大型辦公用品連鎖店史泰博（Staples，NASDAQ：SPLS）試圖收購 Office Depot（NASDAQ：ODP）時，一名法官站在聯邦貿易委員會這邊，最終阻止了這筆交易。

此外，美國司法部於 2022 年 2 月 23 日提起訴訟，阻止聯合健康集團收購改變醫療（Change Healthcare，NASDAQ：CHNG）。這兩間公司決定在法庭上抓住機會，不放棄這筆交易。令套利者高興的是，他們在 2022 年 9 月 19 日贏得了官司，並於 2 週後交易完成。

除了聯邦貿易委員會和司法部之外，交易可能必須經過其他監管機關批准，實際情況要視所涉及的產業和國家而定。舉例來說，保險公司、公用事業的併購可能需要很長的時間，因為如果這些公司在多個州營運，就必須由多個州政府機關批准。

跨國界或國際交易由美國的外國投資委員會（CFIUS）進行審查。如果 CFIUS 認為交易違反美

國國家利益就可以阻止交易，例如，韓國半導體公司 Magnachip（NYSE：MX）被一家中國私募股權公司收購的案例中，CFIUS 決定對這家外國註冊公司進行調查，因為認為該收購可能對美國國家安全構成威脅。2017 年，CFIUS 還阻止一間中國風險投資公司，收購總部位於俄勒岡州波特蘭的半導體公司萊迪思半導體（NASDAQ：LSCC）。隨著半導體交易問題逐漸浮現，這類交易經常出現比較大的價差。

其他國家的監管機關也會阻止交易。相當於美國聯邦貿易委員會的中國國家市場監督管理總局（SAMR），在高通（Qualcomm）收購恩智浦半導體（NXP Semiconductors，NASDAQ：NXPI）案耗盡了審查時間，直到併購達到其「最終截止日」（兩間公司必須完成併購的最後期限）才做出決定。

英國的競爭及市場管理局（Competition and Markets Authority，CMA）擔心，如果允許因美納（Illumina，NASDAQ：ILMN）完成收購加州太平洋生物科學公司（Pacific Biosciences of California，NASDAQ：PACB），將對競爭產生影響，最後是由聯邦貿易委員會在 2019 年底阻止了這筆交易。換句話說，

即使不是跨國交易，在公司經營業務的國家也必須獲得批准，像是推特的交易需要得到日本、英國和歐盟委員會的批准，但幸好不需要得到中國的批准，因為中國禁止使用推特。

在本章最後部分，我們將介紹透過買進股票、使用選擇權等實現併購套利策略的各種方式。

實現併購套利的不同方法

最簡單的併購套利策略是參與需經股東投票批准的交易，例如推特的全現金交易。你可以買進推特的股票，等待交易完成後，每股以 54.2 美元的價格賣出，並在交易完成後將現金存入你的帳戶。

如果交易是以公開收購的形式進行，你必須打電話給券商提交股份——我們將在實施庫藏股的章節中更詳細地討論公開收購。如果你忘記提交股份，而收購方最終獲得了多數股份，他們將完成所謂的「第二步」併購（Second Step Merger），並以現金收購剩餘股東的股份。

定義多數持股的規則要視公司註冊於哪一州而定，請注意，在某些國家，可能不會自動進行「第二步」併

購，你必須主動打電話給買方提交股份。

　　跨國併購還需要注意其他規則，例如填寫某些與稅務相關的表格。舉例來說，以色列要求填寫一份表格，以避免交易完成後對支付款項預扣稅款。通常情況下，你的券商可以幫忙找到相關表格，填寫完成後就可以將表格寄給你的券商，除非公司指定由第三方公司來處理這個流程。

　　熟悉了上述簡單模式後，套利者可以使用各種多元的方式進行交易，尤其是結合股票選擇權時。

　　對於不熟悉股票選擇權的投資人，我在下面提供簡單的介紹，並討論選擇權在併購套利中的 4 種不同使用方式。如果你已經使用過選擇權或了解選擇權，可以跳過選擇權介紹的內容。

　　股票選擇權提供投資人在一段時間內，以指定價格購買或出售某支股票的特權，該股票稱為「標的物」，指定價格稱為「履約價」，而該時間期限的結束日稱為「到期日」。

　　賦予你以特定價格買進股票權利的稱為買權（call option）；賦予你以特定價格出售股票權利的稱為賣權（put option），該權利的有效時間從幾天到幾年不等。

我們先從賣權開始，因為在許多方面，賣權反映了大多數人每天都在使用的東西。你可以將賣權視為保險，例如你買了一張汽車險，它可以保護你在發生事故時免於陷入巨額財務責任的困境，你為這張保單支付權利金（保費），它會在指定的時間內為你提供保障，每年可以繳交新的保費來延續保單效期。與你可能因事故而產生的潛在責任相比，你支付的權利金是一小筆錢，因為交通事故可能會對汽車、乘客和其他各方造成損害。

　　從上面汽車保險的例子來理解賣權，我們來考慮一種情況，你的投資組合中有大量蘋果公司（Apple，NASDAQ：AAPL）股票，這些股票是幾年前在新冠肺炎大流行最嚴重的時候以每股 70 美元的拆分調整價格買進的。該股在 2023 年 9 月的交易價格略高於每股 174 美元，讓你的投資組合中占比很大的股票部位之一獲得巨額收益。

　　2023 年 9 月一個美麗的秋日，你正要買你的第一間房子，但處於數十年高點的利率讓你買不下手。你不介意等個幾年再買，但是擔心原本打算賣出蘋果股票以支付新房 20% 頭期款的計畫，可能會在未來 2 年內下跌。現在賣出代表你今年必須為資本利得繳交高額的稅金，

而且如果蘋果推出的汽車或是最新的手錶可以把你送上火星，你可能會錯過股價上漲的空間。

另一方面，你也擔心蘋果決定將其部分製造從中國轉移到印度和越南等國家，可能會激怒中國政府當局。對蘋果產品來說，中國是一個非常大而且重要的市場。最近有人猜測，中國政府打算禁止國營企業和政府機關使用 iPhone，這讓你感到憂心。[5] 最重要的是，整個股市正在持續創新高，這使你更加焦慮。

你是否可以魚與熊掌兼得呢？金融市場很樂意滿足你的願望，只要你支付他們少量的權利金即可。透過買進 2025 年 12 月到期的蘋果股票 170 美元賣權，每一口合約價為 19 美元，你就可以在股價下跌時得到保護，同時在蘋果股票繼續上漲時受益。

我們來拆解最後一句話，幫助你了解自己買的是什麼東西。這個意思是，在 2025 年 12 月的第 3 個星期五之前，即使因為某個原因蘋果股價跌掉了一半，從目前的每股 174 美元一直下跌，到了 2025 年 12 月只剩每股 87 美元，你仍然有權以每股 170 美元的價格賣出你的蘋果股票。

這張小小的保險單的價格為每股 19 美元。每一口選

擇權合約代表 100 股，因此每 100 股你買進這個保險的總費用為 1,900 美元。如果你的帳戶中有 500 股，你可以買進 5 口賣權合約來「保護」這 500 股，但你要支付 9,500 美元的權利金。由於這些是美式賣權，因此在到期日之前隨時都可以行使。如果你最終在 2025 年 4 月找到了你夢想中的房子，而當時蘋果的價格為每股 110 美元，你可以行使你所買的賣權，以每股 170 美元的價格出售這些股票。相較之下，歐式選擇權只有在到期時才能行使。

那麼，你買進 2025 年 12 月到期的蘋果股票 170 美元賣權，和你交易的對手是誰？那是另一位交易者、投資人、基金或投資銀行，對方就像是保險公司一樣。對方想收取你願意支付的權利金，因為對方認為蘋果股票在到期前跌破 151 美元的可能性很低──你已預先支付了每股 19 美元，所以對方的損益平衡價格是 151 美元，而不是 170 美元。如果股票跌破 151 美元，對方就會虧損，如果股價高於這個金額，對方就會賺錢。

對方的理想情況是股票在到期時價格高於 170 美元，因為這樣你就不必使用這份保險。假設當賣權到期時，股價格為 200 美元，你會選擇在公開市場上以 200

美元的價格賣出股票，而不是行使賣權以 170 美元的價格出售股票。屆時，這個賣權會失效，變成一文不值。這就像有人年復一年地買汽車保險並向保險公司支付權利金，但是從來沒有發生過事故一樣。

　　買權與賣權相反，買權賦予買方在特定時間（到期日）之前以特定價格（履約價）買進股票的權利。舉例來說，你相信蘋果明年將推出一款汽車，並認為幾年內他們在新電動汽車市場的市占率將高達一半。目前蘋果股票的交易價格為每股 174 美元，購買 100 股要花費 1 萬 7,400 美元，你沒有那麼多錢，但你有 4,000 美元，比起購買 23 股蘋果股票（準確地說是 22.9885 股），你希望用 100 股進行更大的賭注。

　　雖然你確信蘋果會推出一款新車，公司的營收和盈餘都會急遽上升，但是你不確定時間會落在何時。為了給自己一些時間來讓你的觀點實現，你選擇購買 2025 年 12 月到期的 170 美元蘋果買權，這些買權的費用為每一口合約 38 美元，幾乎是同樣履約價賣權的 2 倍。交易的總成本為 3,800 美元，因為每一口合約代表 100 股。

　　這份買權的權利金幾乎是賣權的 2 倍，原因有兩個。首先，這種買權就是所謂的「價內」（in-the-money），

因為履約價略低於當前的 174 美元股價，這表示你可以在買進買權後立即行使權利，以 170 美元的價格買進蘋果股票，每股快速獲利 4 美元，但你支付了昂貴的權利金，這麼做並不划算。支付權利金主要是因為買權為你提供了以 170 美元買進股票的一段時間。

買權比較貴的第二個原因是，市場認為蘋果到 2025 年 12 月價格上漲的可能性比下跌高。你的交易對手，也就是買權的賣方希望獲得更高的報酬以承擔這筆交易的風險。

這兩筆交易的對手稱為選擇權的賣方，你可以把他們想像成是賭場的莊家。在大多數賭局中，莊家通常具有優勢，他們知道，雖然賭徒偶爾會在輪盤上獲勝，但在輪盤多次轉動中，莊家比賭徒有更多優勢。大多數選擇權到期時一文不值，而選擇權賣方通常可以繼續從買方那裡收取權利金。這種情況會一直發生，直到股票出現突然的意外波動，迫使賣方承擔損失，就像賭徒贏了賭場的莊家，或是保險公司在發生事故時支付理賠金。

當選擇權賣方已經擁有標的股票部位，然後向你出售該股票的買權時，就稱為掩護性買權（covered call）。舉例來說，如果蘋果的股票在 2025 年 12 月之

前飆升至每股 300 美元，因為公司推出了一款汽車，而且下一次推出的新款 iPhone 也熱銷，你現在可以行使你買的 170 美元買權，以 170 美元的價格買進蘋果股票。即使考慮你為買權支付每股 38 美元的權利金，你在這筆交易中也獲得了每股 92 美元的可觀獲利。另一方面，賣出掩護性買權的人現在必須以 170 美元的價格，把手中的蘋果股票賣給你，加上他們收取的權利金，對方的總銷售價格為每股 208 美元。

搭配選擇權的多元應用

在套利情境中，為了賺取額外報酬，投資者可以對自己持有的併購目標公司股票出售掩護性買權，從中賺取這個買權的權利金。在理想情況下，該買權的到期日應設置在併購預計交易完成日期之後。賣出掩護性買權代表你不預期收購案中會出現競爭性出價或更高的收購價，並願意放棄潛在競標戰的任何額外上漲空間。對於價差較小、風險可控且預計會順利完成的併購交易，掩護性買權的權利金可能非常有限。

在現金加股票的交易中，假設股東放空等量的收購

方股票，由於部分獲利將是現金收益，另一部分是收購者的股票，放空者就可以用後者來平倉空頭部位。如果交易的價差很大而且風險很高，投資人也可以買進賣權，以便在股價下跌時獲得保護，預防交易失敗。

2016 年微軟收購 LinkedIn 時，我就是這麼做的，該交易即使在透過賣權保護下行風險後，我也賺取了不錯的價差。賣權需要離「價外」（out of the money）多遠，要視你想要承擔多少風險而定，到期日期則要視併購交易預計何時結束而定。為賣權支付的權利金減少了可以賺取的價差，而且交易有可能被延遲，導致到期時賣權一文不值。

另一種限制下跌風險同時賺取價差的方法，就是買進在併購交易完成日後不久到期的買權，我在私募股權公司阿波羅全球管理（Apollo Global Management，NYSE：APO）收購阿波羅（營利性教育公司）時，用過這個策略。同樣的，你最終會因為支付買權的權利金而少賺一些價差，但由於選擇權本來就有槓桿作用，所以這樣的賭注可以放大潛在收益。買進裸買權（naked call option）的風險在於，如果併購的交易沒有完成或被延遲，就會損失選擇權的權利金。

投資人也可以選擇出售履約價略低於收購價格的賣權，並把到期日設在預期併購完成日之後。如果交易完成，你就從這些選擇權中賺取權利金，但是如果交易失敗或延遲，你就必須以履約價買進股票。近年來，這些情況的選擇權的權利金非常低。

　　其中一些策略僅適用於特定類型的併購交易，每種策略都有其風險和報酬。這也再次說明，為什麼併購套利又被稱為風險套利。

併購失敗的案例研究

　　併購套利失敗代價可能會很慘。當一筆預期獲利空間為 5% 的交易失敗，可能會害你蒸發 30% ～ 50% 的資金，這或許說明了為什麼許多套利者離開套利界後，繼續擁有非常成功的投資事業，因為從事套利交易的人總是不斷評估成功的可能性、試圖找出可能出錯的地方，並注意其他投資人可能忽略的細節。

　　根據趨勢或技術指標做交易的投資人，會尋找某些訊號或模式來推斷未來可能如何發展。同樣的，套利者也可以從觀察價差趨勢中受益，幫助他們判斷交易可能

成功還是失敗。

在馬克·米歇爾（Mark Mitchell）和陶德·普維諾（Todd Pulvino）合著的論文〈風險套利中的風險與報酬特徵〉（Characteristics of Risk and Return in Risk Arbitrage）中，討論失敗的併購案，其價差在交易宣布後通常會馬上變得很大，並在交易失敗的前幾天進一步擴大。[6]

馬克·米歇爾和陶德·普維諾是投資公司 AQR Arbitrage 的聯合創辦人。在成立公司之前，米歇爾博士是芝加哥大學布斯商學院（University of Chicago's Booth School of Business）的金融學教授，在那之前是哈佛商學院（Harvard Business School）的金融學教授。普維諾博士是西北大學凱洛格管理學院（Northwestern University's Kellogg School of Management）的金融學終身副教授。

正如本章前面所討論的，在我從 InsideArbitrage 資料庫中擷取的 2010 年到 2022 年的資料顯示，95% 已宣布的併購案通常都會完成合併，失敗率為 5%。圖 2-4 中顯示已完成的併購案量、失敗的數量、收到新報價的併購案，以及在 2022 年底開始的併購案。由於在分析這

圖 2-4：2010 ～ 2022 年併購案統計資料

宣布年	進行中	已完成	失敗	新的報價	總計	成功率
2010		210	10	3	223	94%
2011		193	8		201	96%
2012		201	5		206	98%
2013		182	8	1	191	95%
2014		181	5		186	97%
2015		210	14	6	230	91%
2016		219	6	3	228	96%
2017		200	12	5	217	92%
2018		200	8	1	209	96%
2019		183	5	5	193	95%
2020	1	137	12	4	154	90%
2021	3	204	8	6	221	94%
2022	102	85	2	2	191	98%
總計	106	2,405	103	36	2,650	95%

資料來源：InsideArbitrage.com 資料庫

份資料時，2022 年宣布許多交易仍在進行中，因此可以忽略 2022 年的資料，但這不影響整體結果。

我們已經探討了成功交易和失敗交易從宣布那一刻到交易完成或終止過程中的表現，以及整體成功率或失敗率，接著我們從圖 2-4 所包含的區間資料中，看看總體經濟因素對交易的影響。

在 OFI 資產管理公司的法比恩・克雷登（Fabienne Cretin）、斯利曼・布瓦夏（Slimane Bouacha）和史帝芬・迪鐸內（Stéphane Dieudonné）的文章〈風險套利策略背後的總體經濟驅動因素〉中，作者分析了 1,911 筆 1998 年 1 月至 2010 年 9 月期間宣布的美國和加拿大的併購交易。[7]

文章中的一張圖表引起了我的注意，因為它顯示了 2001 ～ 2003 年和 2008 ～ 2009 年熊市期間，價差擴大和交易終止率上升的情況。雖然成功的平均率約為 95%，而且大多數宣布的交易都有可能完成，但你知道人們是怎麼形容平均值的：一個身高 6 英尺的人，可能會在平均 5 英尺深的河流中淹死（某些較深的區域，可能達 7 英尺）。在本章接下來，我將重點介紹 2 個失敗的交易案例研究，因為了解失敗的原因可以幫助我們提高成功機率。留意併購交易失敗另一個重要原因，是這些交易在破局後可能帶來新機會。

由於 95% 併購交易都達成了最終的併購協議，我決定在本章的案例研究中關注失敗的交易，因為對於使用併購套利策略的人來說，這些失敗交易對整體回報的影響尤為顯著。

案例研究 1：來德愛（Rite Aid）

　　義大利億萬富翁斯特凡諾・佩西納（Stefano Pessina）於 1977 年接管了家族的藥品批發商業務，開始了他的商業帝國。透過一連串的併購案，這位被稱為「銀狐」的交易撮合者，最終成為全球最大的連鎖藥妝店之一——沃爾格林博姿聯合公司（Walgreens Boots Alliance，NASDAQ：WBA）的執行長兼執行董事長。這個連鎖集團在美國經營沃爾格林（Walgreens）和杜安里德（Duane Read）連鎖店，在英國經營 Boots 連鎖店，在墨西哥經營 Benavides。總計在美國擁有多達 8,886 間藥妝店，在其他 5 個國家經營近 4,000 間藥妝店。

　　2015 年 10 月，沃爾格林博姿聯合公司以每股 9 美元現金收購美國第三大連鎖藥妝店來德愛（NYSE：RAD），交易金額高達 172 億美元。消息發布時，來德愛在美國 31 個州和哥倫比亞特區擁有 4,600 間門市。

　　宣布這個消息時，CVS、沃爾格林和來德愛是美國三大獨立連鎖藥妝店，占全美國處方箋藥物營收的三分之一。其餘三分之二則是郵購和專業藥局，以及在沃爾瑪、塔吉特（Target）、好市多、克羅格和艾伯森等超

市內的藥局處理。

對沃爾格林和來德愛來說可惜的是，在交易宣布幾個月後，塔吉特決定以 19 億美元的價格將其零售藥局業務出售給 CVS，CVS 接管塔吉特的 1,672 間藥妝店，進一步提升了美國三大連鎖店擁有的藥妝店比例。

監管機關非常密切調查這筆交易，在經歷了動蕩的 21 個月後，兩間公司取消了這筆交易。為了安撫聯邦貿易委員會，兩間公司與另一間連鎖藥店佛瑞茲（Fred's）達成協定，分拆 865 間來德愛的門市。這並沒有讓聯邦貿易委員會滿意，在交易宣布 15 個多月後，雙方再次達成協議，價格調整為每股 6.5 美元至 7 美元（視來德愛必須分拆多少間門市才能滿足監管機關的要求而定）。

沃爾格林和來德愛最終準備出售多達 1,200 間門市，佛瑞茲開始為這次收購做準備，包括增加更多董事會成員。儘管來德愛出售近四分之一的門市，監管機關不願接受這項新協定，他們指出，2015 年超市連鎖店亞柏森和喜互惠的併購，是在兩間公司同意將 169 間門市出售給多間公司後才獲得批准，其中 146 間門市被 Haggen Holdings 收購。最終，Haggen Holdings 在不到 1 年後根據破產法第 11 章申請保護，並起訴了當時由私募股權

公司擁有的亞柏森。

當汽車租賃巨頭赫茲（Hertz）在 2012 年收購競爭對手 Dollar Thrifty 時，聯邦貿易委員會就曾經看過這種事了。為了讓監管機關同意，他們將某個營業單位和 29 個租賃地點出售給一間北美連鎖經營服務（FSNA）公司。你猜對了：不到 1 年後，FSNA 申請破產。像 Haggen Holdings 和 FSNA 這樣的破產案，進一步削弱了市場競爭力，讓大型企業變得更強大，但這與聯邦貿易委員會想要的結果完全相反。

2017 年 6 月 29 日，由於監管問題，沃爾格林和來德愛決定共同終止交易，沃爾格林向來德愛支付了 3.25 億美元的終止費。事情並沒有就這麼結束了，在佩西納先生的管理下，沃爾格林最終以 51.75 億美元收購來德愛的 2,186 間門市。

在這次併購失敗後的幾年，精簡化的來德愛因管理不善而發生一連串的虧損，股票繼續下跌超過 90% 的價值。雖然一路上有過幾次拯救公司的機會，但也都失敗了。亞柏森再次被提及，試圖在 2018 年透過與來德愛併購後上市。這一次的交易掃興者是來德愛的股東，他們以無限的智慧（或缺乏智慧）決定投票否決這筆交易，他們擔心亞

伯森巨額的債務會加到來德愛的資產負債表上。

亞伯森後來不僅成功獨立上市，而且截至撰寫本文時，亞伯森正在嘗試與另一間大型雜貨連鎖店克 Kroger（NYSE：KR）進行合併，交易金額為 246 億美元。在我寫這篇文章時，這筆交易的價差非常大，高達39%——沒錯，原因就是監管問題。

與來德愛的例子不同，交易失敗後並不總是完全沒有轉圜餘地。一些公司在併購失敗後會達成新的協議，例如前院住宅公司（Front Yard Residential）被 Amherst Residential 以每股 12.5 美元的價格收購失敗，1 年後，前院住宅公司以更高的價格，與 Pretium 和 Ares Management 以每股 13.5 美元達成協議。在某些情況下，在併購案失敗後可能只過了 2 週，就會達成新的交易，例如阿尼克鷹礦業（Agnico Eagle）以比之前與中國山東黃金礦業有限公司的失敗交易高出 26% 的價格，收購了 TMAC 資源（TMAC Resources）。也有一些情況，需要數年時間才會再出現新的交易。

然而，在失敗的併購案中，真正的機會不是潛在的新買家或公司可能收取終止費，而是通常在合併失敗後被迫出售。大多數以套利為重點的基金在交易失敗後的

幾天內會出清部位,而基金出售部位會使得目標公司的股票被人為壓低。

案例研究 2:羅傑斯(Rogers)

來德愛的例子幫助我們理解像聯邦貿易委員這樣的監管機關如何看待交易。我們的第二個案例研究著眼於一種情況,那就是監管機關拖延了很久,以至於收購方利用這個機會退出一項對他們來說不再有吸引力的交易。

最令套利者恐懼的縮寫字就是 SAMR。SAMR 是中國國家市場監督管理總局(The State Administration for Market Regulation),併購交易經常在他們手中走向死亡。就像美國有聯邦貿易委員會、英國有競爭和市場管理局,歐洲有歐盟委員會(European Commission),中國則有 SAMR。這些監管機關都負責確保其管轄範圍內的市場有足夠的競爭,企業的合併不會導致壟斷。

如果兩間美國企業正在合併,但公司在其他國家有一些業務,就需要獲得這些國家的監管批准,通常在最終併購協定中會列出交易需要批准的國家。

我們之前看到,SAMR 在高通收購恩智浦半導體

（NXPI）一案中，一直不對這筆交易做出決定，最終耗盡了審查期。在這個案例中，高通公司熱衷於完成這筆交易，並且不斷延長競爭的最後期限，但並非所有收購方都願意延長最終截止日期，並等待 SAMR 做出決定。

2021 年 10 月 2 日，杜邦公司（DuPont de Nemours，NYSE：DD）宣布以 52 億美元收購同為工程材料的公司羅傑斯（Rogers，NYSE：ROG），交易金額為每股 277 美元。杜邦收購羅傑斯的意願很強，為此支付了 46% 溢價的價格來收購。

這筆交易宣布後不到 3 個月，它就通過了美國的反壟斷批准；大約 1 個月後，股東也批准了這筆交易。在股東批准後漫長的 8 個月，兩間公司宣布已獲得所有必要的監管批准，僅剩 SAMR。應 SAMR 要求，杜邦撤回並重新提交併購計畫通知，大約 1 個月後，距交易宣布已近 13 個月，杜邦取消了併購案，並指出公司沒有及時獲得監管機關的批准。杜邦向羅傑斯支付了 1.625 億美元的終止費，羅傑斯的股票在單日暴跌超過 100 美元。

SAMR 審核批准有時可能需要 12 ～ 15 個月，公司必須對交易保持高度承諾，才能完成整個過程。就杜邦而言，交易簽署後整體環境發生了重大變化，為了控制

通膨，全世界從低利率環境轉向幾十年來最大規模的升息步伐，如果聯準會無法實現經濟軟著陸，人們非常擔心會出現經濟衰退。

被 SAMR 拖延很久的交易，幾乎總是會以較大的價差進行交易，不可避免地會吸引套利者，但是巨大的價差，並不能彌補看著交易月復一月地延遲且沒有進度而帶來的精神壓力或失眠。即使交易最終完成，年化報酬率也會受到影響。經驗豐富的套利者會避免具有重大跨國風險的交易，以及涉及銀行、保險和公用事業領域的交易，因為銀行、保險和公用事業的併購案，需要獲得其他監管機關或其經營所在地的當地司法管轄區的批准。

併購失敗出現的反彈行情

並非所有的失敗都是一樣的，因此在股票出現技術性反彈進行交易之前，最好先分析交易失敗的原因。在杜邦試圖收購期間我投資了羅傑斯，然後在所有強制拋售結束後，利用預期的股價反彈機會賺錢，儘管這筆交易在短時間內對我來說相當成功，但我太早進場也太早出場。如果我多等個幾天再進場，然後等更久一點再出

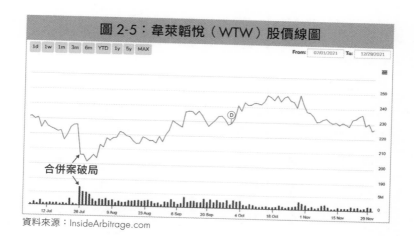

圖 2-5：韋萊韜悅（WTW）股價線圖

合併案破局

資料來源：InsideArbitrage.com

場，就能大大提高我的報酬率。

　　保險巨頭 AON PLC（NYSE：AON）以 344.5 億美元高額收購韋萊韜悅（Willis Tower Watson（NASDAQ：WTW）的案子，在 2021 年中破局，並在合併失敗後出現了類似的機會，但 WTW 股價反彈的速度比羅傑斯快許多（如圖 2-5 所示）。

　　還有另一種情況。C 型肝炎是一種經由接觸血液傳播的病毒感染，會引起肝臟發炎，在某些情況下還會導致嚴重的肝臟損傷。在 2013 年 12 月聯邦食品藥物管理局批准一種名為索華迪（Sovaldi）的藥物之前，這種感

染無藥可醫，患者會帶有這種慢性疾病，並有將其傳播給他人的風險。

在 2011 年 11 月，生技巨頭吉立亞醫藥（Gilead Sciences，NASDAQ：GILD）決定以高達 110 億美元的價格收購開發 Sovaldi 的 Pharmasset 時，Sovaldi 正在進行第三階段的試驗，當時吉立亞的市值只有 30 億美元，令投資人感到震驚的是，吉立亞醫藥願意將 110 億美元押寶在一間只有 82 名員工且沒有產品可銷的公司上。

吉立亞醫藥支付了 89% 的溢價以收購 Pharmasset，而且是在 Pharmasset 股票過去一年上漲了 2 倍多之後。吉立亞醫藥這個大膽的賭注是否值得？

這個賭注不只是值得，而且藥物一獲得批准就幫吉立亞醫藥在 1 年內創造了 250 億美元的營收。市場對吉立亞醫藥的 C 肝藥物需求很快就破表了，因為只需要為期 3 個月的療程就能治癒病患。

這件事對公司的主要缺點是，由於這個藥物會完全治癒患者，因此沒有重複銷售的機會。對患者來說，不利的一面是該藥價過高，3 個月的療程在美國的費用超過 8 萬美元，但吉立亞醫藥在某些新興市場以低至 500 美元的價格出售藥物，卻在已開發國家收取非常高的價

格，因此遭到抨擊。

當吉立亞醫藥宣布收購 Pharmasset 時，投資人並不知道 Sovaldi 是否會獲得批准、需要多少時間才能被批准，也不知道吉立亞醫藥會如何將這種藥物定價。交易宣布後，吉立亞醫藥的股價重挫，雖然我留意了這間公司多年，但我一直後悔沒有在下跌時買進這支股票。

如果交易是全股票交易或現金加股票交易，收購方的股價跌幅可能會更劇烈。套利者必須放空收購方公司的股票以賺取價差，這可能會對收購公司的股票造成暫時的下跌壓力。正如我們討論過交易失敗後目標公司的價格暫時被錯估一樣，在大型交易宣布後，我們也可以從收購方公司股票類似的錯估中受益。

雖然這些情況並不常見，但是我用這些來說明可以從併購套利策略中受益的幾種方法。當你有了運用策略的經驗後，就可以想出自己獨特的方法來從中獲利。

可視為債券替代品

每個人都喜歡說「買低賣高」。雖然邏輯上，你想在東西便宜的時候買進、在它變貴後賣出去很有道理，

但任何已經投資了一段時間的投資人都會意識到，這說起來容易做起來難。然而，投資人有一種方法可以平均實現買低賣高。

為了解釋投資人要如何做到這一點，我要先離題一下，解釋債券在投資組合中的作用，然後看看在併購套利中要如何應用。

幾十年來，財務顧問使用 60、40 的資產配置來管理客戶的資產，也就是 60% 的投資組合是股票，40% 是債券。這種方法的成效很好，因為股票和債券呈負相關，也就是當其中一個上漲時，另一個就會下跌。

這樣的投資組合會定期重新平衡，例如每 6 個月或每年 1 次。假設一個投資人的初始資金是 10 萬美元，其中 6 萬美元投資於股票，4 萬美元投資於債券。再假設，這位投資人很幸運在股市不斷上漲的牛市中進行投資，讓這位投資人感到非常高興。在 6 個月結束時，這個投資組合中的股票增值 25% 到 75,000 美元，而債券則跌至 3 萬 5,000 美元（請記住，股債的表現通常是負相關的）。

這時，總投資組合價值為 11 萬美元。財務顧問會把投資組合的股票部分出售至 66,000 美元，並用這筆錢將

債券配置增加到 4 萬 4,000 美元，讓這個 11 萬美元投資組合維持 60、40 的股債配置比率。

這是一種利用規則來達成「買低賣高」的策略，消除了決策過程中的情緒影響。雖然在某個半年週期的時間中，這不是最佳決定，但從長遠來看，這種方法能帶來不錯的效果。

債券投資人或債務投資人在很大程度上是規避風險的，資本保值對他們來說很重要，即使這意味著只能領息獲得較小的報酬。債券的種類繁多，包括美國政府債券、公司債券、市政債券和新興市場債券。

有一類債券的風險較高，被稱為高收益債券或是垃圾債券。這種債券的投資人願意承擔債務可能無法償還的額外風險，以換取更高的債券利息，想一想有房屋抵押的房貸與信用卡債之間的區別就可以理解了。如果屋主停止支付房貸並拖欠貸款，債權方可以出售房屋以收回部分或全部借款，但信用卡公司對信用卡債務則沒有相同的保障，因此房屋貸款和信用卡的利率是有差別的。

債券有不同的到期日，根據這些期限的利率也不同。如果債券的利率為 5% 並在 10 年後到期，則該債券的投資人在 10 年內每年可獲得 5% 的利息，在 10 年結

束時，債券發行機構會發還本金。

　　債券可以在到期前在次級市場出售。我們假設在買進利率 5% 的債券 5 年後，你需要這筆錢，想要在次級市場將債券賣給另一位投資人，如果此時利率上升，5 年期債券的利率為 7%，那麼投資人會期望你以折扣價出售利率 5% 的債券。也就是說，你以 1,000 美元購買的債券，可能必須以 900 美元的價格出售。

　　只要發債機構沒有違約，購買債券的投資人就可以在未來 5 年內，每年從債券中獲得 5% 的利息，並在債券到期時從債券發行人那裡領回 1,000 美元。除了利息外，如果投資人以 900 美元買的債券在 1,000 美元到期贖回，還可以獲得 100 美元的資本利得。

　　過去，股債 60、40 投資組合運作良好，因為債券市場處於長達數十年的牛市，但隨著利率開始上升，債券在 2022 年受到重創，未來幾十年債券市場的表現，可能不如過去那麼友善。併購套利是債券投資者的絕佳替代選擇。併購套利不會在高利率時期受到打擊，反而提供了更好的報酬，因為交易的價差會隨著利率上升而擴大，以反映資金時間價值的變化。

　　套利者不僅需要因承擔交易可能失敗的風險而得到

補償，還需要為資金的占用成本獲得補償，這些資金本來可以存入銀行或購買定存來賺取利息。視套利投資組合的建構方式，可以將投資組合設計成具備類似債券投資組合的某些特性，但卻不會有利率風險。

選擇高價差交易的投資人在許多方面來說，都和高收益或垃圾債券投資人一樣，都在承擔較高的風險。

重要的是要記住，在危機期間，幾乎所有資產的相關性都趨於一致，原本不相關的資產可能出現同時下跌。

⚠ 併購套利的潛在風險

1961 年，加拿大政府想強行收購不列顛哥倫比亞電力公司（British Columbia Power）的所有資產，經過一番法庭戰後，雙方最終以 22.2 美元的價格達成協議。在這場爭奪中，不列顛哥倫比亞電力公司的交易價格一度約為 19 美元，每股套利價差超過 3 美元。查理・蒙格（Charlie Munger）非常有信心這筆交易會完成，所以他說服巴菲特大舉買進不列顛哥倫比亞電力公司的股票，他本人也把所有的錢都投入到那筆交易中，甚至借錢來賺取價差。

併購套利的隱憂來自那 5% 的交易失敗帶來的巨大損失，可能在你的投資組合中留下嚴重的虧空。如果採用多元化策略，投資於宣布併購的每筆交易中，從歷史數據來看，95% 交易可完成的概率令人興奮。

　　但是在實際操作上，投資人很少同時投資於數十筆交易，他們像蒙格一樣，傾向於挑選特定的交易參與。即使你認為就算交易破裂，你也不介意持有這支股票，但產業的基本面可能會發生變化，進一步影響你的投資決策和結果。

　　多倫多道明銀行（Toronto-Dominion Bank，NYSE：TD）以每股 25 美元的全現金交易收購地區銀行第一地平線（First Horizon，NYSE：FHN），交易金額為 134 億美元，我當時有參與這次投資。當這筆交易宣布時，第一地平線是美國第 37 大銀行，擁有近 890 億美元的資產。這筆交易的價差一開始很小，然後增加到 20% 以上，為套利者提供了一個很好的套利機會。一段時間過後，當交易看起來有機會獲得監管部門的批准時，價差縮小至不到 1%，為不想等到交易結束的套利者提供了一個很好的出場機會。

　　結果證明，等待最後 1% 的代價非常高，因為在 2023 年初，美國銀行業遭受包括矽谷銀行在內的幾間大型銀行倒閉的打擊，給整個產業帶來了一波衝擊。第一地平線銀行和多倫多道明銀行決定取消合併，第一地平線銀行的股價重挫，跌破每股 10 美元，遠低於多倫多道明銀行原本願意為該公司支付的 25 美元。

對於剛接觸併購套利策略的投資人來說，價差小但成交可能性高的交易並不那麼有吸引力。他們尚未深入理解年化報酬率的概念，因此對於 3 個月內賺到 3% 的小額價差興趣缺缺，他們傾向於價差大的交易，並承擔更大的風險。然而，他們可能不具備蒙格的法律背景，無法準確評估不列顛哥倫比亞電力公司在法庭上勝訴的可能性。

　　在併購套利方面擁有長期成功紀錄的機構投資人，通常會將價差小的交易和價差大的交易進行組合搭配，但會透過選擇權來對大額交易的風險進行對沖。

　　併購套利的隱憂既來自交易失敗的風險，也來自於在未考慮宏觀經濟條件變化的情況下，以持有心態開始一筆套利交易，並打算在交易失敗後繼續持有。

本章重點摘要

1. 當一間公司與另一間公司合併，或是被一間更大的公司收購時，標的公司的股票很少達到收購價，這幫套利者留下一個賺取小額價差的空間。

2. 套利利差存在的原因，包括幾種公司在完成併購前會面臨的一些阻礙：公司股東可能否決交易，收購公司可能無法籌措到完成交易所需的資金，或監管機構可能會拒絕交易。因此，併購套利也被稱為風險套利。在這種策略中，套利者承擔著交易無法完成的風險。

3. 套利者關注的是年化報酬率。如果一筆交易的獲利只有4%，但在 4 個月內完成，這相當於年化報酬率 12%，所以套利者在完成第一筆交易後，需要尋找其他提供類似報酬的交易，這還不包括資本的複利效果，後者可能會進一步提高年化回報。

4. 併購交易可以是全現金、全股票、現金加股票的組合，或是特殊條件交易。套利者通常比較喜歡全現金交易，因為賺取全股票或現金加股票交易的價差，需要放空收購方的股票。

5. 2010 年至 2022 年宣布的交易中,將近 95% 最後完成,不過在這段期間發生了新冠肺炎疫情大流行,導致失敗的併購案數量激增。

6. 雖然失敗的交易可能會給套利者帶來龐大的損失,因為標的公司會跌至收購前的價格,甚至更低;但併購套利策略也存在潛在的上行空間,例如交易最終演變為競價戰的情況。

7. 併購案破局的公司股票經常會被大量拋售,原因是進行事件驅動策略的基金會迅速減持其持有的資產。一旦強制拋售完成,這些公司可能會出現短期的反彈機會。

8. 簽署了最終併購協議後,想退出是非常困難的。試圖退出的收購方通常會面臨目標公司的訴訟,而這些訴訟往往在庭外和解,例如馬斯克收購推特的案子。

9. 使用選擇權來操作併購套利策略,有好幾種創新的可行方法。

10. 一些投資人喜歡使用併購套利作為債券的替代選擇,尤其是在利率低且債券收益率缺乏吸引力的時期。

Even

Insider Transactions

Stock Buybacks

SPACs

Spinoffs

Management Changes

第3章

內部人交易

Insider Transactions

在投資上，待在自己的能力範圍內是非常重要的事。這個範圍裡的機會通常讓你比市場擁有更多優勢。正如羅傑·羅溫斯坦（Roger Lowenstein）所著的《跌落神壇的金融天才》一書中所詳述，長期資本管理基金（Long-Term Capital Management）慘敗的原因之一，就是他們決定偏離自己的能力範圍。

投資生技公司超出了我的能力範圍，分析公司產品線中的哪些產品可能會成功、與競爭對手相比的地位如何，以及就算藥物獲得食藥署批准，潛在的市場機會有多大，在分析這些問題上我全都沒有優勢。我經常與一群擁有神經科學、癌症免疫學和分子生物學博士學位的朋友往來，以幫助我了解某些投資機會，但儘管他們提供了專業建議，我還是會覺得自己像是試圖從茶葉中解讀未來一樣，充滿不確定性。

不過，有規則就會有例外，我喜歡關於生技公司的一個例外，就是公司已獲得食藥署批准產品、財務狀況合理，最重要的就是內部人士在公開市場上買進股票。我所尋找的特定內部人士，若非公司的創辦人，就是長期在董事會任職的獨立董事。

在 2020 年 11 月疫情最嚴重的時候，福泰製藥

（Vertex Pharmaceuticals）吸引了我的注意，當時獨立董事布魯斯・薩克斯（Bruce Sachs）以平均 217.36 美元的價格買進 1 萬 5,000 股，總金額達 326 萬美元。薩克斯上一次買進福泰是在 2008 年大衰退期間，那已經是 12 年前的事了。顯然，這次買入是趨勢而為的操作，福泰很少有內部人買進，在此之前，該公司上一次內部人買進已經是 8 年前的事了。

當時，薩克斯已經在福泰的董事會任職近 22 年，他早期還曾在查爾斯瑞佛風險投資公司（Charles River Ventures，CRV）擔任一般合夥人 21 年。CRV 成立於 1970 年，主要從事的工作是將麻省理工學院的研究成果商業化。

但是讓我出手的關鍵是 InsideArbitrage 寄出有關福泰內部人交易的通知時，一位訂戶聯絡上我，向我提供了一些關於薩克斯的背景資訊。他提到，薩克斯不僅聰明，而且眾所皆知非常勤奮，1990 年代，薩克斯週末回家經常會帶著兩個公事包的工作量，以便在假日時仔細閱讀。

雖然關於薩克斯的這個小故事很有意思，但還不足以讓福泰成為值得投資的標的，投資前最好進行深入的

調查，以確認一間公司是否適合投資。福泰製藥是一間生技公司，專注於癌症、疼痛、發炎、流感和其他罕見疾病的治療，該公司擁有多種獲批准的藥物，可以治療造成囊狀纖維化（cystic fibrosis，CF）的病因。

囊狀纖維化是一種進行性遺傳性疾病，會導致肺部持續感染，而且長時間下來會限制呼吸能力。該公司的囊狀纖維化藥物系列帶動公司的營收成長和獲利能力，同時迅速擴大鐮型血球貧血症（sickle cell disease）、β型地中海型貧血（beta thalassemia）、裘馨氏肌肉失養症（Duchenne muscular dystrophy）和第一型糖尿病（type 1 diabetes mellitus）等疾病的藥物發展。

儘管疫情時市場環境充滿挑戰，但在薩克斯買進2年後，福泰就上漲了近40%，超越標普500指數逾50%。多年來，我見證了該公司的運作良好，包括與CRISPR Therapeutics（NASDAQ：CRSP）合作，利用基因編輯來開發新療法。福泰一直是我個人投資組合中的核心持股。

你可能聽說過一句話，據說是彼得·林區（Peter Lynch）說的：「內部人出售自家股票的原因可能有很多，但他們買進自家股票的原因只有一個──他們認為股價

會上漲。」

彼得・林區擔任富達麥哲倫基金（Fidelity Magellan Fund）的基金經理人，在 1977 ～ 1990 年 13 年間，為投資人創造 29% 的年報酬率，此外他還寫了《彼得林區：選股戰略》一書。我要解釋一下他的績效到底有多好：他每 3 年就能將投資人的資金增加 1 倍，他管理的基金許多早期投資人後來都成為了千萬富翁。

彼得・林區對於內部人賣出行為的說法是正確的，但是關於內部人買進這件事，他只說對了一部分。在我深入探討為什麼彼得・林區只對了一部分之前，我要先定義一下誰是公司內部人，以及哪些事被歸類為內部人交易。

誰是「公司內部人」？

內部人是指公司經營團隊的任何成員，包括頭銜中有「長」字的人（執行長、財務長等等），一直到副總裁級別；董事會主席在內的董事會成員也是內部人。此外，任何擁有公司 10% 以上股份的人，就算不在董事會中也會被視為內部人。這表示如果一支基金在一間公司

建立的部位超過 10% 的門檻，就會被歸類為內部人。

所有內部人都必須在每次買進或賣出公司股票後，向美國證券交易委員會提交一份稱為 Form 4 文件的資料。舉例來說，當波克夏（NYSE：BRK.A）增加了惠普（NYSE：HPQ）和西方石油（NYSE：OXY）的持股時，波克夏都必須提交 Form 4 文件，如圖 3-1 所示。

在另一個例子中，當丹．勒布（Dan Loeb）的避險基金 Third Point 在 2021 年 12 月出售新貴控股（Upstart Holdings，NASDAQ：UPST）、2022 年 4 月出售

圖 3-1：波克夏買進惠普所提交的 Form 4 文件

SEC Form 4

FORM 4

UNITED STATES SECURITIES AND EXCHANGE COMMISSION
Washington, D.C. 20549

STATEMENT OF CHANGES IN BENEFICIAL OWNERSHIP

☐ Check this box if no longer subject to Section 16. Form 4 or Form 5 obligations may continue. See Instruction 1(b).

Filed pursuant to Section 16(a) of the Securities Exchange Act of 1934 or Section 30(h) of the Investment Company Act of 1940

1. Name and Address of Reporting Person*
BERKSHIRE HATHAWAY INC
(Last) (First) (Middle)
3555 FARNAM STREET
(Street)
OMAHA NE 68131
(City) (State) (Zip)

2. Issuer Name and Ticker or Trading Symbol
HP INC [HPQ]

3. Date of Earliest Transaction (Month/Day/Year)
04/04/2022

4. If Amendment, Date of Original Filed (Month/Day/Year)

5. Relatio (Check a

6. Individ
X

Table I - Non-Derivative Securities Acquired, Disposed of, or Beneficially Owned

1. Title of Security (Instr. 3)	2. Transaction Date (Month/Day/Year)	2A. Deemed Execution Date, if any (Month/Day/Year)	3. Transaction Code (Instr. 8)		4. Securities Acquired (A) or Disposed Of (D) (Instr. 3, 4 and 5)		
			Code	V	Amount	(A) or (D)	Price
Common Stock	04/04/2022		P		4,391,884	A	$36.4346[1]
Common Stock	04/05/2022		P		2,388,227	A	$36.2222[6]
Common Stock	04/06/2022		P		4,104,113	A	$34.8803[7]
Common Stock	04/06/2022		P		249,341	A	$35.5495[8]

資料來源：美國證券交易委員

SentinelOne（NYSE：S）的股票時，都必須為交易提交 Form 4 文件。

當內部人在公開市場上買進、賣出股票、行使認股權、贈送股票給別人、參與公司的二次發行、將股票從一個類別轉換為另一個類別等時，也都必須向美國證券交易委員會提交 Form 4 文件。

不過，內部人有時會和你、我一樣受到偏見的影響，例如，他們可能受到先前高股價的影響，認為一支股票跌了很多就代表變便宜，是一項很好的投資。因為內部人非常投入公司的營運情況，所以他們視野可能變得狹隘，無法看到整個大局——總體經濟環境的變化或特定產業的不利因素會相對較快被市場接受，但內部人可能遲遲沒有意識到這些轉變正在發生。

我透過觀察內部人的行為以及內部人買進後公司的股價表現，直覺得出了上述結論。也有學術研究針對這個現象發表一篇文章，名為〈管理者一定比較懂嗎？經營團隊與分析師預測的相對準確性〉（The Relative Accuracy of Management and Analyst Forecasts），作者是艾美・赫頓（Amy Hutton）、李連芬（音譯，Lian Fen Lee）和蘇珊・徐（音譯，Susan Z. Shu）。我在〈實

施庫藏股〉一章中將更詳細討論這篇文章及其結論。

　　有時你會發現，一間公司不只一個內部人同時在買進股票，這和 1 位內部人多次買進股票的情況是不同的。一間公司多位內部人進行的內部人買進，通常被稱為集體買進（Cluster Purchase）。

　　雖然看到執行長或董事長多次買進自家股票會令人振奮，但是如果同時間不只有 1 位內部人買進股票，那就更好了。集體買進顯示的是，多個內部人願意投入自己的錢，他們對股票所持的看法，可能和你、我這樣的市場投資人不同。

　　瑞奇・巴頓（Rich Barton）在 1990 年代擔任微軟的總經理，當時他向比爾・蓋茲（Bill Gates）和史帝夫・鮑爾默（Steve Ballmer）提出了建立旅遊網站的想法。智遊網（Expedia）成立於微軟內部，後來分拆成為一間獨立的公司，由巴頓擔任執行長，該公司於 1999 年上市，並於 2003 年被 IAC（NASDAQ：IAC）以 36.4 億美元的價格收購。

　　這並不是瑞奇・巴頓創辦唯一價值數十億美元的公司，將智遊網出售給 IAC 的幾年後，他又創辦了房地產網站 Zillow，這個網站具有獨特的 Zestimate（估價）功

能，即使你不打算出售房屋也可以估算房屋的價值。彷彿在 10 年內創辦兩間大公司還不夠似的，他還在 2007 年共同創立了玻璃門（Glassdoor）。

巴頓於 2002 年加入網飛（Netflix，NASDAQ：NFLX）董事會，並於 2012 年 4 月 25 日買進價值超過 50 萬美元的股票作為他的個人投資組合。他持有這些股票，並在接下來的 10 年看著持有的部位增值了 1,600% 以上，不過近年來股價大幅下跌，而就在他買進股票幾天後，另一位董事會成員傑伊·霍格（Jay Hoag）也買進了股票，我們將在本章後面的案例研究中更詳細地討論這件事。公司內部人的集體買進，尤其是獨立董事買進，對投資人來說是一個強烈的訊號。

現在你了解誰是「公司內部人」，以及他們如何傾向一起買進股票，接下來我要概述一些你該注意的具體事項，幫助你透過追蹤內部人買進行為抓住投資機會。

內部人買進後獲得的高報酬

多年來有幾項學術研究探討內部人交易，尤其是內部人買進後獲得的超額回報。這些研究分析了幾十年的

資料，結果顯示內部人買進的個股，績效往往比整體市場高出 6% ～ 10.2%，具體數據視你所參考的學術研究和期間而定。

華頓商學院（Wharton）[5] 一項名為「估計內部人交易報酬」（Estimating the Returns to Insider Trading）的研究，調查 1975 ～ 1996 年這 22 年間內部人交易的所有樣本，其中大約四分之一的異常報酬都是在交易後最初 5 天內累積的，而一半是在交易後第 1 個月內實現。

如果你想要賺取這些超額報酬，可能會遇到 3 個關鍵問題。

1. 每年提報的內部人交易多達數千件，想賺到這些報酬就需要投資數百甚至上千支不同的股票。
2. 其中許多股票可能規模較小或流動性差、交易量低，很難建立很大的部位。
3. 如果你必須買進數百或數千支股票，交易成本可能會吃掉你的報酬。由於大多數券商現在都提供

---

5 譯註：美國賓州大學華頓商學院，是美國最知名也是《美國新聞與世界報導》排名全球第一的商學院。

免交易佣金優惠，現在這已經不是問題了。

已經有明確的證據表明，內部人交易中真正具備資訊價值的關鍵訊號來自內部人買進行為，而不是來自內部人賣出。在目前演算法和高頻交易的時代，華頓商學院的研究中提到的賺取早期報酬的機會可能已經消失了，但投資人還是可以從消息靈通的內部人與市場不同的看法中受益。

觀察同一產業的多間公司動態

留意同一產業中多間公司的內部人士正在做什麼，會對你的投資有幫助，例如六旗娛樂（Six Flags，NYSE：SIX）和雪松娛樂（Cedar Fair，NYSE：FUN）的內部人士是否同時在買進股票？區域性銀行齊昂（Zions Bancorporation，NASDAQ：ZION）和杭廷頓（Huntington Bancshares，NASDAQ：HBAN）的內部人士是否在同一時間增持股票？石油公司內部人士，無論規模大小，是否開始以越來越高的價格買進股票？

當整個市場或特定產業陷入困境時，投資人通常會

避免進行大膽的新投資。畢竟，就算有貴重物品在裡面，有誰會願意跑進失火的建築物呢？這種情況有時也會發生在內部人身上，注意他們的行為可能會讓你知道很多事。

期貨是一種金融工具，允許玉米和小麥等大宗商品的生產者以預定價格，將其商品出售給未來計畫使用該商品的個人或公司。舉例來說，一群農民可能希望鎖定他們打算種植的玉米價格，這樣他們就可以確保 8 個星期後以指定價格出售玉米。這麼一來，玉米價格從種植到收成期間的任何波動，都不會影響收穫季節的利潤。

這些期貨的買家是誰？像家樂氏公司（Kellogg Company，NYSE：K）這樣的玉米片製造商可能會想要鎖定生產玉米片所需的玉米價格，所以可能成為期貨交易的買方，買進期貨合約後，家樂氏就必須在到期日從農民那裡接收玉米。他們還可以在芝加哥商品交易所（Chicago Mercantile Exchange）之類的交易所，將期貨出售給投機者，這些投機者買賣期貨，但是完全不打算接收標的商品的交割。

期貨交易標的不僅限於玉米、小麥和大豆等農產品，你還可以買進活牛、牛奶、原油、天然氣、黃金、銅、貨幣、利率等各種東西的期貨。

在新冠肺炎大流行的最初幾個月經歷全球封鎖，對於大宗商品市場造成了沉重的打擊，尤其是能源產業，2020 年 4 月能源價格暴跌，西德州中級原油（WTI）期貨一度跌到負值，擾亂了全球的能源市場。全球原油指標布蘭特原油期貨（Brent oil futures）的跌幅沒有西德州中級原油來得那麼嚴重，但大多數能源公司都受到新冠肺炎導致的需求崩潰，以及石油期貨突然下跌的沉重打擊。

西德州中級原油的價格變成負的，主要是因為任何持有西德州中級原油期貨的人，如果在到期日之前不出售這些期貨，就必須接收位於奧克拉荷馬州庫欣的石油交割。大多數期貨投機者完全不打算接收任何商品的實物交割，他們通常會在到期前就將交易平倉，在這種情況下，因為沒有買方，所以賣方願意出錢請人買走他們的期貨，以擺脫手上的合約，避免在奧克拉荷馬州庫欣接收標的物交割。

石油生產公司大陸資源（Continental Resources）的創辦人暨執行長哈洛德・哈姆（Harold Hamm），2020 年 6 月 23 日開始在公開市場上買進股票，並在接下來的 2 週以平均價格 16.87 美元買進 1,055 萬股，價值 1 億 7,800 萬美元。在這些收購之後，他擁有已發行

股份總數的 81%。哈洛德・哈姆深感大陸資源公司的價值被低估，他甚至採取了不尋常的措施，透過一份新聞稿宣布他的購買行為。

新聞稿中說：「我堅信，由於疫情對全球原油需求造成負面影響，大陸集團目前的股價呈現出罕見的價值。最近的購買行為突顯了我對公司持續卓越經營和強勁財務表現的信心。大陸集團已準備好在未來多年內為股東創造可觀的價值，我相信沒有哪個經營團隊比大陸集團與股東的利益更一致。」

哈洛德・哈姆在接下來 2 年不斷增持大陸資源的股份，最終以每股 74.28 美元現金買進他尚未擁有的剩下股份，然後將公司私有化，這價錢比他在 2020 年 6 月買進時高出逾 340%。投資人有許多機會可參與大陸資源的上漲行情，他們可以跟隨哈洛德・哈姆的腳步，在他進行內部人買進後跟著買進大陸資源的股票，或是如果投資人想要一個更好的風險報酬機會，可以在他提出將公司私有化的提議後，參與併購套利交易。

2022 年中，我受邀向個股投資資訊網站 Seeking Alpha 的「市場圓桌論壇」（Marketplace Roundtable）提交一個投資構想，當時我選擇了大陸資源公司，我寫

了以下內容：

「目前有一個特殊情況看起來非常有趣，那就是大陸資源公司的創辦人暨執行董事長提出以每股 70 美元的現金價買回公司股份並下市。該股目前的交易價格為 65.05 美元，哈姆和他的家人已經擁有了 83% 的股份，不太可能出現其他競標者，但哈姆有可能讓這筆交易稍微加一點甜頭，以說服董事會批准。如果交易成功，在短時間內就能提供 7.6% 的報酬；如果交易在 4 個月內完成，年化報酬率將超過 22%。」

當哈姆必須將購買大陸資源的價格提高到每股 74.28 美元時，獲利就變得更好了，我買進了大陸資源的股票，最終我持有的部分被收購了。我沒有早一點買進大陸資源的唯一原因是，我已經透過持有石油管道公司和另一間水壓裂解公司，大量配置了能源產業。

哈姆並不是唯一買進股票的能源公司內部人，我看到整個產業普遍都在進買進。2023 年 3 月，矽谷銀行在短短 2 天倒閉後，我在地區銀行內部人身上看到了類似的情況。矽谷銀行是美國第 16 大銀行，截至 2022 年 12 月 31 日，資產為 2,090 億美元，最終聯邦存款保險公司接管了該銀行，並出售給第一公民銀行（NASDAQ：

FCNCA）。

那麼，究竟發生了什麼事引發了這場突然的倒閉呢？答案是 4 個字：信心危機。矽谷銀行發布了兩份公告，卻沒有考慮這些公告造成的連鎖反應。

公司表示將出售幾乎全部可供出售的證券組合，金額達 210 億美元，並在 2023 年第一季承受 18 億美元的損失，隨後，公司試圖透過二次發行以募集更多資金，這讓風險投資公司、私募股權公司及其投資組合公司開始大量提領現金，導致信心崩潰，最終銀行倒閉。這間銀行被客戶透過數位化的網路快速擠兌，導致股價在短短 2 天內從 267 美元跌到 0 美元。

同一週稍早，另一家銀行 Silvergate Capital 倒閉，這無疑加劇了市場的恐慌情緒，而紐約的 Signature Bank 則在矽谷銀行倒閉 3 天後也宣告破產。更詳細的解釋涉及資產與負債期限錯配、持有至到期的債券、按市值計價等議題，但這超出了本主題的範疇。

美國財政部、聯準會和聯邦存款保險公司（FDIC）發布一份聯合聲明，表示將全額保障矽谷銀行和 Signature Bank 的存款戶存款，這緩解了投資人對於未來幾週可能會有其他銀行接連倒閉的擔憂。

不幸的是，倒閉銀行的股東和債券持有人並沒有從這些行動中受益。這些銀行倒閉後的星期一，大多數地區性銀行股票暴跌，所幸危機得到了控制，後續並未發生多間銀行連鎖倒閉的情形。這時，地區性銀行的內部人介入，開始積極買進。

美國有數百間上市的地區和社區銀行，內部人交易可以幫助我們縮小潛在投資範圍，就像我們在這波事件3年前的能源業危機中看到的情形。

無論是能源業還是銀行業，當你看到一個產業陷入危機，而內部人開始瘋狂買進時，就要密切注意。處於短期恐慌狀態的投資人可能會不分好壞，全部都拋售，在這些時候，選擇產業中最強大的公司，可能會帶來豐厚的回報。花點時間做深入調查，不要在一看到麻煩的時候就急著買進。

公司董事也是專業投資人士嗎？

我在觀察內部人交易時，還會關注公司的獨立董事是否在買進股票，以及這位獨立董事是否是專業投資人士。董事若是投資專業人士，會對公司有深刻的理解，

也會知道如何對公司進行估價，買進網飛的傑伊・霍格還有買進生技公司福泰的布魯斯・薩克斯，都是具有投資背景的獨立董事買進股票的例子。

　　獨立董事參與公司的時間長短也會有所影響，例如，薩克斯自 1998 年以來一直在福泰的董事會任職。同樣的，瑞奇・巴頓自 2002 年以來一直是網飛的董事會成員。

　　我還喜歡留意董事會主席，特別是如果是景氣循環性產業的執行主席，並且觀察其業務在多個景氣變化循環的表現。例如 Germán Larrea Mota-Velasco 在 2015 年收購南方銅業公司（Southern Copper，NYSE：SCCO），出手就非常精準。在 2015 年下半年的 3 個月內，他以 24.1 美元至 27.14 美元的價格買進這間全球銅生產商的股票，如圖 3-2 所示，當時的銅價已跌破每磅 2.4 美元，是自大衰退以來的谷底。隨著銅價最終反彈，Mota-Velasco 開始以每股 39.44 美元乃至高達 82 美元的價格出售股票。

　　此外，掌舵公司的創辦人買進公司股票，也是一個很有趣的情況。例如，喬・基亞尼（Joe Kiani）在近 10 年前收購了醫療設備公司 Masimo（NASDAQ：MASI）就是很精準的出手。以最近的例子來說，執行

圖 3-2：內部人買進南方銅礦（SCCO）

擁有者	職位	日期	交易類型	每股成本（美元）	股票數量	交易總值（美元）	總持股數
ROCHA OSCAR GONZALEZ	總裁兼執行長	2015 11/27	買入	25.91	8,000	207,280	134,539
VELASCO GERMAN LARREA MOTA	董事會主席	2015 11/20	買入	27.14	334,000	9,064,894	2,870,567
VELASCO GERMAN LARREA MOTA	董事會主席	2015 11/19	買入	26.85	54,000	1,450,440	2,536,567
VELASCO GERMAN LARREA MOTA	董事會主席	2015 11/18	買入	26.17	112,000	2,931,264	2,482,567
VELASCO GERMAN LARREA MOTA	董事會主席	2015 11/12	買入	26.3	105,000	2,761,385	2,370,567
VELASCO GERMAN LARREA MOTA	董事會主席	2015 11/11	買入	26.64	3,000	799,080	2,265,567
VELASCO GERMAN LARREA MOTA	董事會主席	2015 11/10	買入	26.79	9,000	2,411,489	2,235,567
VELASCO GERMAN LARREA MOTA	董事會主席	2015 11/9	買入	26.7	75,000	2,002,875	2,145,567
VELASCO GERMAN LARREA MOTA	董事會主席	2015 9/29	買入	25.87	122,600	3,171,466	2,000,567
VELASCO GERMAN LARREA MOTA	董事會主席	2015 9/28	買入	25.75	27,4005	705,619	1,947,567
VELASCO GERMAN LARREA MOTA	董事會主席	2015 8/26	買入	24.1	50,000	1,204,945	1,920,567
VELASCO GERMAN LARREA MOTA	董事會主席	2015 8/24	買入	25.07	250,000	6,268,250	1,870,567

資料來源：InsideArbitrage.com

長陳提姆（Tim Chen）買進 NerdWallet（NASDAQ：NRDS）的股票，同樣引人注目。

總而言之，你應該尋找並追蹤以下類型的內部人買進的資訊：

- 來自同一產業的多間公司
- 公司內部人集體買進
- 長期任職的獨立董事
- 經歷過多個景氣循環的董事長
- 創辦人兼執行長

我認為觀察內部人買進是一種可以給我投資構想的工具，但是想要了解一間公司和投資機會，光是追蹤內部人買進還是比不上對公司進行深入研究重要，我將內部人買進當成研究的一個依據，可以幫助我注意到原本可能忽略的公司。

參考價值低的內部人交易

了解哪些類型的內部人交易可以帶來清楚訊號很重要，同樣的，你也必須剔除一些沒有什麼參考價值的內部人交易。

每一週查看內部人交易活動時，我會尋找以下類型的交易，並在報告前一週「5 大內部人買進和賣出」時，將它們排除在外。

我會排除的交易類型包括：

• 內部人集中買進，且都以相同的價格買進股票，這顯示內部人要不是參與二次發行，就是將公司支付的股利再投資，再不然就是透過公司管理的退休方案買進股票。閱讀申報文件的附註或查看最近的新聞稿，就可以深入了解為什麼這群內部人都以完全相同的價位買進。在本章稍後，我們將探討如何查看申報文件的附註。

• 在同一天以相同數量和相同價格進行內部人買進和賣出，這通常表示內部人正在將股票從一個帳戶轉移到另一個帳戶，或從一個人轉移給另一個人。同樣的，提交申報文件的附註可以幫助你確定正在發生的情況。

• 延遲數月或數年提交內部交易申報，這種情況發

生的頻率高得令人意外，因此一定要注意 Form 4
文件中的交易日期。如果你是在數月後才得知這
些交易，交易時內部人的看法就沒有那麼重要了。

• 新任董事或經營團隊成員的內部人買進。一些公
  司要求他們的新董事或經營團隊一定要持有一定
  數量的股份，這些公司的內部人可能是為了符合
  這項規定而買進。

• 內部人定期進行的年度買進。查看買進歷史可以
  幫助你確定公司是否要求其董事或經營團隊，每
  年必須買進一定數量的股票。

• 合約要求的買進。2022 年 8 月，社交媒體公司
  Pinterest（NYSE：PINS）在其新任執行長比爾・
  瑞迪（Bill Ready）的雇用合約中加入了一項條
  款，要求他必須在上任後的 60 天內，在公開市場
  上買進價值 500 萬美元的 Pinterest 普通股，此舉
  將使他有資格獲得 2,000 萬美元的限制股票獎酬
  （Restrictet Stock）。這個要求使瑞迪的利益與

股東的利益一致，但如果我只是依賴 Form 4 文件而不閱讀附註，我可能會將他的內部人買進行為解讀為對 Pinterest 股票的信心。

- 內部人出售股票的情況是，當內部人行使認股權，並在行使後立即出售這些股票。

- 限制性股票單位（restricted stock units，RSUs）[6] 被以 0 美元的價格授予員工，對大多數內部人來說是一項應稅事件。為了避免在報稅時產生巨額的稅單，公司建立了一個自動賣出流程，其中一部分 RSUs 的出售用於預扣稅目的。這類型的賣出在 Form 4 文件中有不同的交易代碼（F），但在多數提供內部人賣出資訊的網站上可能看起來像一般交易。一些公司在提交此類內部人交易時犯了一個錯誤，輸入了錯誤的交易代碼（S），所以看起來像是抓住機會賣出，而不是應對員工認

---

6 編註：限制性股票單位（Restricted Stock Units，RSUs）是一種公司用來激勵員工和高階主管的薪酬形式。RSUs 是對員工的一種承諾，授予一定數量的公司股票，但在特定條件滿足前，員工無法擁有或交易這些股票。

股權行使或限制性股票單位歸屬所產生的稅務影響而進行的自動賣出，在申報文件的附註通常會有足夠的資訊，可以判斷這次是抓住機會賣出還是自動賣出。

內部交易總量與賣買比

雖然我主要將內部人買進資訊拿來幫助我找到投資機會，但我在 2020 年 3 月驚訝地看到，在新冠肺炎大流行嚴重的期間，內部人的總體購股行為也可以提供一種宏觀訊號。我在每個週末都會計算賣買比（sell/buy ratio），該比率計算方式是將上一週公司內部人的總體賣出金額除以總體買進金額，你可以在 InsideArbitrage. com/SellBuyRatio.xlsx 免費下載自 2012 年以來每週的內部人買進和賣出匯總歷史紀錄。

內部人這個群體賣出的股票幾乎總是多於買進的股票。這是有道理的，因為他們的薪酬或淨資產有很大一部分是公司股票，所以他們會不斷出售以分散資產；另一方面，如果他們想買股票必須用自己的錢來買，或者如果是基金，就是用投資人的錢來買進。

從 InsideArbitrage 資料庫中的數據看來，從 2010 年 8 月到 2022 年 7 月的 12 年間，平均每週賣買比為 30.1，換句話說，每週內部人賣出的股票比他們買進的股數多 30 倍。如果內部人在某一週內買進價值 1 億美元的股票，那麼他們很可能在那一週內賣出價值 30 億美元的股票。

賣買比不幸地會因某些內部人士的大額賣出而失真，其中可能包括世界級富豪降低他們的曝險，或是大型基金清算部位。

例如，傑夫·貝佐斯（Jeff Bezos）在 2020 年 11 月的 1 週內出售價值 30.2 億美元的亞馬遜（Amazon. com，NASDAQ：AMZN）股票，接著他在 2020 年 2 月出售價值 40.7 億美元的股票，並且又在 2020 年 8 月出售價值 31.3 億美元的股票。同樣的，馬斯克在 2022 年 4 月的 1 週內出售價值 85.2 億美元的特斯拉（NASDAQ：TSLA）股票，以資助他收購推特。馬斯克當時正在與推特進行一場激烈的法庭攻防戰，希望避免完成這筆交易，但仍準備好資金，以防他輸掉官司，被德拉瓦州衡平法院強迫完成交易。

這 12 年期間的平均賣買比因大額交易而出現偏

差，所以我看了一下賣買比的中位數，發現中位數為19.03。換句話說，內部人出售的股票是他們每週買進股數的19倍。

2020年3月是一個令人痛苦的月份，隨著新冠肺炎在全球迅速蔓延，市場處於自由落體的狀態。在對這種病毒所知甚少的時候，我們對疫苗的潛力一無所知，世界各國政府都在實施封鎖措施，人們正在面臨死亡和失業，但有一群投資者在大舉買入。追蹤賣買比10多年來，我從未遇到過在特定某一週，內部人買進總額超過內部人拋售總額，這種情況在2020年3月的第2週發生了變化，當時內部人買進6億8,288萬美元的股票，而在此之前一直處於高水位的內部賣出額也下降到6億6,852萬美元，賣買比降至0.98，是近10年來的最低水位。

接下來一週，內部人又買進了，內部人買進5億3,325萬美元的股票，而賣出總額為4億7,058萬美元，賣買比進一步下降至0.88。

2020年3月是獨一無二的情況，因為市場在短短幾天內迅速下跌，而且全球各國政府和中央銀行採取了前所未有的振興措施。當時迅速買進的內部人可能已經經歷了幾個充滿挑戰的市場週期，發現公司擁有的準備金

可以幫助他們度過幾個充滿挑戰的季度，或是已經採取行動重新調整業務，才能在全球疫情大流行中生存下來。

　　他們看到了股市血流成河，於是將自己的錢投入到自家股票中。富國銀行（Wells Fargo，NYSE：WFC）的執行長在 1 週內買進價值近 500 萬美元的股票，美國最大的購物中心經營商賽門地產集團（Simon Property Group，NYSE：SPG）的 8 位不同內部人也是如此。在 2008 年最後一季和 2009 年的前幾個月，內部人大幅買進，他們在 2009 年 3 月經濟大衰退觸底之前買進股票。

　　由於內部人往往會提前行動，而且大多數熊市的持續時間比我們在 2020 年 3 月經歷的更長，因此逐步加碼現有持倉或逐步建立新倉可能更有意義，可以將交易分散在數週或數月進行，即便這可能冒著錯過最初反彈階段的風險。

　　抓對市場時機是個非常大的挑戰，因為你必須同時抓準賣出和最終重新進場的時機。彼得‧林區曾經說過：「投資人因為預測修正而虧損的錢，比修正本身所造成的虧損還要多出許多。」

　　雖然我不主張使用賣買比作為市場時機判斷工具，但這可以在極端情況下提供有價值的資訊。這不是萬靈

丹，但與其他指標結合應用時可以成為一個有用的指南。

在查看內部交易總量時，一定要記住一件事，在與財報相關的靜默期（quiet period），你會看到內部人買進和賣出活動都大幅減少。公司設立了與財報相關的靜默期，以防止內部人在發布獲利之前或之後進行交易，有時甚至是限制所有員工交易。

靜默期有多長因公司而異，但通常會在季度結束前 2 週開始，並在季報公布後持續 1 ～ 3 天。

短線交易獲利規則及反覆無常者

PayPal（NASDAQ：PYPL）執行長丹・舒曼（Dan Shulman）在 2015 年 7 月 PayPal 從 eBay（NASDAQ：EBAY）分拆為獨立公司前幾個月加入了 eBay。PayPal 的股價一路上漲，從 eBay 分拆出來以來，股價一度上漲 650% 以上，如圖 3-3 所示。該股在 2021 年下半年逆轉走勢，並在 2022 年初加速下跌。舒曼直到 2021 年 12 月還在賣 PayPal 的股票，但他在 2022 年 2 月初在公開市場上買進了價值近 100 萬美元的股票。他並不是這週唯一買進股票的內部人士，兩位董事──大衛・多曼

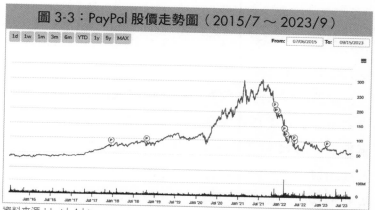

圖 3-3：PayPal 股價走勢圖（2015/7 ～ 2023/9）

資料來源：InsideArbitrage.com

（David Dorman）和法蘭克・伊瑞（Frank Yeary）也加入了他的行列，分別買進價值100萬美元和49萬9,400美元的股票。我把這些賣出股票，然後又突然開始買進的內部人稱為反覆無常者（flip-floppers）。

雖然「反覆無常」一詞在政治上具有負面含義，但是以投資人來說，這可能是一種值得欽佩的特質。知名的英國經濟學家約翰・梅納德・凱因斯（John Maynard Keynes）曾說過：「當事實改變時，我會改變想法。你會怎麼做呢，先生？」

如果你投資一間公司的觀點因為公司績效而改變，

出售手上的部位才是合理的做法，而不是抱著會轉虧為盈的希望，「希望」和「轉虧為盈」這兩個詞對投資組合的長期報酬而言，傷害特別大。

雖然投資人應該欣然接受「反覆無常」的態度，但美國證券交易委員會對企業內部人並不持相同的觀點。事實上，1934 年《證券交易法》第 16(b) 條規定，如果買進和賣出（或賣出和買進）相隔不到 6 個月，則內部人必須將任何利潤返還給公司，這被稱為短線獲利規則（Short-Swing Profit rule），以阻止內部人使用他們擁有的資訊來賺取短線獲利。

每隔一段時間，我們會遇到內部人交易違反短線獲利的規則，而且內部人要把先前交易的任何利潤返還給公司。

反覆無常的內部人向我們發出了一個訊號，即當下他們認為整體風向已經改變，他們願意放棄一些短期的獲利，以便在未來賺進更多錢。舒曼在 2022 年 2 月購買 PayPal 的內部人買進申報文件的附註中指出：「報告人已同意根據經修訂的 1934 年《證券交易法》第 16(b)條，自願向發行人支付因本申報的交易而產生的所有法定『獲利』」。

案例研究 1：網飛（Netflix）

2011 年 7 月 12 日，串流媒體先驅網飛發布了一項公告，震驚了華爾街的客戶和投資人。

這間在 1990 年代後期網路泡沫高峰期間推出 DVD 郵寄服務的公司，正確地預測到串流媒體將是內容產業的未來，DVD 將逐漸被遺忘。該公司沒有預料到的是，當他們宣布將把業務一分為二，一間公司專注於透過郵寄出租 DVD，另一間公司提供串流媒體內容，竟然遭到客戶的強烈反對。更糟糕的是，網飛決定將他新的以 DVD 為主的公司命名為 Qwikster。

訂戶很快就得出結論，如果他們保留郵寄 DVD 和串流媒體兩種方案，相當於他們的訂閱成本增加了 60%。Netflix 的熱門影集《紙牌屋》和《勁爆女子監獄》原定於 2013 年推出，當時距離 2013 年還有 2 年的時間，當宣布分拆時，幾乎沒有什麼可以吸引訂戶到串流媒體服務，隨後幾個月，網飛失去了數十萬訂戶，到 2011 年 10 月，當時公司公布失去 80 萬訂戶時，股價急遽下跌。塵埃落定後，從公告發布之日起至 2011 年底，該公司股票已經跌掉了超過 75% 的價值。

過去，我每天晚上都會查看向美國證券交易委員會申報的內部人交易。我在網站上定期撰寫名為「內部人士週末」（Insider Weekends）的系列文章，報導每週內部人士最大的買入和賣出，這個專欄我已經連續發布超過 12 年。在網飛宣布其災難性計畫不到 1 年，在我的一次定期評論中，我注意到一位內部人趁機會大舉買進。2012 年 5 月，網飛董事會成員傑伊·霍格在 3 天內買進價值 2,500 萬美元的網飛股票。

　　霍格透過他在 1995 年共同創辦的矽谷風險投資公司科技跨界創投（Technology Crossover Ventures，現稱為 TCV），間接買進網飛的股票。TCV 於 1999 年首次投資網飛，然後在網飛上市前後多次加碼投資。霍格於 1999 年加入網飛董事會，到 2012 年提交內部人交易時，他已經參與公司 13 年了。霍格的交易，具投資人應該關注的內部人買進的重要訊號所有特徵，包括：

- 一位長期任職的董事會成員，曾見證公司在 2001 ～ 2003 年、2007 ～ 2009 年的熊市中一路走來。
- 一間高成長性的公司，曾犯過一個策略性的錯誤，

但不是致命的錯誤。

• 具有投資背景的獨立董事會成員的內部人士。

　　圖 3-4 顯示了 Netflix 從 2012 年到 2016 年的股價，以及霍格和 TCV 買進的時間點。網飛最終放棄了分拆 DVD 郵寄業務的計畫，令投資人鬆了一口氣，股價最後上漲了 10 倍，如圖 3-4 所示。但是在超過 1,000% 的漲勢過程中，TCV 並未持有全部的部位，非常可惜。

　　圖表中另一件很明顯、值得注意的事情是，網飛的股票並沒有立即開始上漲，而是歷經數個月的平盤整理，

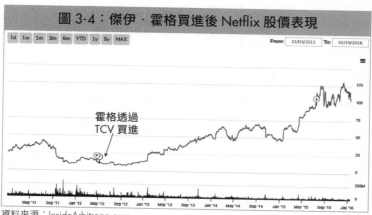

圖 3-4：傑伊・霍格買進後 Netflix 股價表現

資料來源：InsideArbitrage.com

築底突破後才開始大幅上漲。內部人和價值投資人一樣，他們總是很早就進場了，他們所掌握的洞察可能會在幾個月或幾季內發揮作用，因此觀察內部人買進的這個策略，最符合長期導向投資人的目標。

內部人賣出行為的解讀

我花了很多時間討論內部人買進，但除了內部人賣出總額通常比內部人買進大上好幾倍這個事實之外，我還沒有討論過內部人賣出的影響。經營團隊經常因為大量的認股權或股票授予來獲得激勵，隨著時間推移，這些授予逐漸成為他們薪酬的主要部分，這使經營團隊的利益與股東的利益一致，這也導致內部人士在單一公司中持有高度集中的股份。

雖然有人支持投資組合要集中，但是選擇多元化的投資組合，對大多數投資人來說會是比較好的方式，就這一點而言，看到內部人士經常賣出公司股票也就沒有什麼好意外的了，特別是在公司表現良好且股價上漲的時候。

在 2016 ～ 2021 年科技股牛市期間，內部人賣出最

多的是科技公司，如果將此視為負面訊號而賣出部位或放空股票，將會對投資人的投資組合造成重大傷害。內部人賣股並不能與內部人買進等量齊觀，這已經被幾十年來的學術研究所證實了。

那麼，什麼時候你該注意內部人在出售股票呢？

公司內部人士賣出的總量增加，可能預示著未來將出現麻煩，當我看到即使股價下跌，一群內部人還是在賣出股票，這會引起我的注意。

若要確認這種賣出是有意義的訊號，必須先確定這是一般賣出，而不是與行使認股權或限制性股票單位授予相關的賣出。這種拋售代表內部人正在趁著還來得及的時候，爭先恐後地退出，這時你應該重新審視一開始投資這家公司股票的原因了。

我第一次遇到這種情況是在 2011 年 3 月，當時太陽能的小型泡沫大大推升了像第一太陽能（First Solar，NASDAQ：FSLR）這類公司的股價，內部人在短短 1 個月的時間，以每股 139.85 美元至 156.77 美元的價格出脫價值數億美元的股票。

1 年多後，2012 年 5 月時該股跌至每股不到 12 美元，市值跌掉了超過 90%。

案例研究 2：卡爾瓦納（Carvana）

我在網路汽車經銷商車卡爾瓦納（Carvana，NASDAQ：CVNA）的案例中再次看到了同樣的狀況。對於消費者來說，買車很少是個愉快的體驗，尤其是在汽車經銷商買車時。最初將新車帶回家的興奮感，往往會隨著業務和辦理車貸的過程而消退，這個過程通常比希區考克的驚悚片還要曲折。

在折磨結束時，顧客經常會懷疑他們是否真的得到一開始想要的東西，現在已經有一些公司在試圖解決這個問題，例如 TrueCar（NASDAQ：TRUE），它可以讓你在前往經銷商之前，從各個經銷商那裡獲得確定的報價。特斯拉透過簡化的線上買車體驗也做了同樣的事，買車只需要幾個步驟，而且可以讓你以信用卡支付汽車頭期款。

然後是新興的純線上經銷商，如 Vroom、Shift 和卡爾瓦納，其他線上平台如 Cars.com（NYSE：CARS）和 CarGurus（NASDAQ：CARG）則類似 TrueCar，主要為經銷商促成銷售。為了在這個擁擠但利潤豐厚的市場中脫穎而出，卡爾瓦納採用了一種創新的交車方式——但有些人會說是噱頭。

線上買車的顧客會收到一個代幣，等到準備交車了，他們就會去最近的汽車自動販賣機。是的，就是自動販賣機沒錯。該公司建造了外觀吸引人的圓柱形塔樓，並把車停在裡面，當客戶投入代幣時，自動販賣機會找到你的車、做出一些令人難忘的機械操作，然後將汽車交付給顧客。

　　疫情的最初幾個月，供應鏈被迫關閉。政府發放的振興資金，以及不通勤、不外出用餐或旅行，這些事情所節省下來的錢，為消費者留下了大量的額外可支配資本。M2 貨幣供給額是一種衡量指標，用於追蹤消費者擁有多少資金，包括支票帳戶、存款帳戶、貨幣市場基金和定存中的資金。如圖 3-5 所示，M2 貨幣供給額從 2020 年初的 154.8 億美元飆升至 2022 年初的 217.2 億美元，在短時間內達到了前所未有的成長。

　　由於供應鏈問題導致低庫存水準，再加上消費者口袋裡的額外資金，帶動一股買車的狂潮，二手車價格迅速上漲，新車的售價開始遠高於製造商的建議零售價（MSRP）──汽車經銷商透過折扣和優惠吸引顧客買車的日子一去不復返。

　　在這種環境下，卡爾瓦納開始向二手車賣方提供非

圖 3-5：M2 貨幣供給額（2018 ～ 2023 年）

資料來源：聯邦準備理事會（美國）

常有吸引力的價格，卡爾瓦納會迅速修理、整新這些汽車，然後在他們的平台出售。此外，客戶帳戶中的多餘現金也進入了股票市場，第一次進場的新手投資人開始關注高成長的科技股，公司則意識到他們的股票正在因營收成長而受到市場青睞，至於盈利狀況卻變得不重要。

卡爾瓦納就是這種現象的受益者之一，股價從 2020 年 3 月熊市底部的 30 美元左右，飆升至 2021 年 8 月接近高點的 370 美元以上。

在 2021 年 7 月和 8 月短短 2 個月時間，一群內部人拋售價值超過 7 億 5,000 萬美元的卡爾瓦納股票，當時股價一度超過每股 370 美元。他們的時機抓得非常

好，因為在這波內部人大規模賣出後不久，卡爾瓦納的股價就開始急遽下跌。

到了 2021 年底，投資人才清醒過來，突然間獲利能力又開始變得重要起來。這代表像卡爾瓦納這樣沒有賺錢的公司會一直下跌，看不到谷底。畢竟，你要如何評價一間一直在虧損，而且連續 9 年自由現金流為負的公司？

卡爾瓦納股價從 2021 年 8 月 10 日的高點 376.83 美元下跌了近 95%，到 2022 年 6 月 13 日跌到谷底 19.83 美元。這種急遽下跌引發了該公司 4 位內部人，在 2022 年 6 月大規模買進，然後股價就上漲了 1 倍多，在 2022 年 8 月 16 日達到每股逾 50 美元的高點。卡爾瓦納的內部人既從高點附近賣出，又在股價大幅拉回後因買回股票而受益。

可惜的是，故事的後半部分並沒有像卡爾瓦納內部人所希望的那樣結束，因為到了 2022 年 12 月，卡爾瓦納股價跌破 5 美元。除了以高價買進汽車外，卡爾瓦納還犯了一個大錯，以 22 億美元的價格收購了 KAR Global 的汽車拍賣業務，公司試圖透過二次發行籌措這筆交易資金，發行了超過 30 億美元的債券，但是願意買的人似乎很少。他們最終設法讓私募股權巨頭阿波羅全球（Apollo

Global）以 10.25% 的高利率買下一半的債券。到了 2022 年底，公司的淨債務已激增至 72 億美元（不包括融資租賃），而股價也反映出公司即將面臨破產的事實。

當你看到一群公司內部人進行大量賣股行為，且在股價下跌時繼續拋售，這時就要特別注意，因為這可能預示著公司未來會有麻煩。

強制拋售行為

在某些情況下，追蹤內部人或基金強制拋售行為也很有用。董事長或執行長可能因為夫妻撕破臉的離婚程序而被迫出售大量持股，或是基金可能選擇清算其在公司的大量股份。

我曾目睹過類似的情況，日本巨頭軟銀（SoftBank）在 2022 年 4 月至 7 月期間出售所持有的 Uber（NYSE：UBER）股份。在軟銀出售股票期間，Uber 股價跌至 20 美元出頭，大幅落後那斯達克指數。一旦強制拋售或清算產生的壓力結束，在公司估值和投資人對未來成長看法的推動下，股票可能會反彈到更自然的水準。強制出售導致人為壓低股價，為投資人提供了買進機會，進而

在股價最終反彈時成為你的獲利基礎。

解析 Form 4 文件

內部人必須在交易後 2 個工作日內，向美國證券交易委員會申報 Form 4 文件。不管是買進、賣出股票、贈送股票給某人、行使認股權或認股證書，以及就算只是將股票從一個帳戶轉移到自己的另一個帳戶，也必須申報 Form 4 文件。如果公司需要透過二次發行新股來募集更多資金，而且內部人參與了這次發行，也必須向美國證券交易委員會申報 Form 4 文件。這些交易可能看起來像公開市場的一般交易，因為它們使用與一般公開市場買進時相同的交易代碼。

若要確認內部人士購股是否屬於公開市場購股，或者是其他形式的交易，最佳方法是直接查閱提交給美國證券交易委員會的原始 Form 4 文件。

每隔一段時間，我都會看到內部人晚幾個月甚至晚幾年才申報 Form 4 文件，因此，重要的是查看交易日期，而不只是申報 Form 4 文件的日期。

有時內部人在 Form 4 文件可能寫錯了交易代碼，

他們寫的交易是買進，但其實是賣出。這樣的錯誤有時會透過修訂申報文件，即 Form 4/A，進行修正。

我在圖 3-6 到圖 3-10 中提供了瑞奇・巴頓 2012 年以內部人身分買進 Netflix 的文件，以幫助讀者了解 Form 4 文件的各部分。圖 3-6 是完整的文件，隨後的 4 張圖則是 Form 4 文件各個組成部分的資訊。

Form 4 文件的左上角顯示內部人姓名（先是姓氏，然後是名字）及其地址的資訊，如圖 3-7 所示。

Form 4 文件中間的第一部分稱為「表格 I– 收購、處置或實益擁有（Beneficially Owned）[7]的非衍生性證券」，提供了申報內容是普通股、優先股還是特定類別股票的資訊。由於優先股和普通股之間，以及不同類別的普通股之間價格可能不同，因此這些資訊很重要。

舉例來說，2022 年 9 月 9 日，波克夏 A 股的最後交易價格為 42 萬 9,819 美元，而 B 股在同一天收盤價為 286 美元。

---

7 譯註：實益擁有人即指實質受益人。根據《證券交易法》規定，實質受益人包括董事、監察人、經理人及持有已發行股份總數或資本總額超過 10% 的股東。規定中僅要求揭露持股超過 10% 的股東，且未明確要求揭露至自然人層級。

圖 3-6：瑞奇・巴頓 2012 年 4 月買進 Netflix

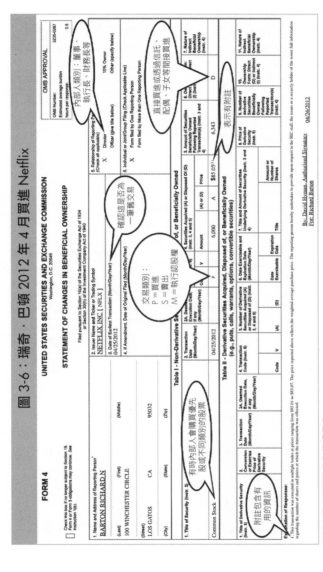

資料來源：美國證券交易委員會

圖 3-7：瑞奇・巴頓 2012 年 4 月買進 Netflix 的表格第 1 部分

資料來源：美國證券交易委員會

　　Form 4 文件最上面中間部分提供公司名稱、股票代碼、最早交易日期的資訊，如果是修訂版的 Form 4 文件，還會顯示原始 Form 4 文件的資訊，如圖 3-8 所標示。一份 Form 4 文件可以包含多筆交易的資訊，這些交易會在中央部分的「表格 I– 非衍生性證券的取得、處置或

實益擁有情況」中以單獨一行表示。

對於表I中的每筆交易,「交易代碼」(Transaction Code)欄可幫助你了解交易是買進(代碼P)、賣出(代碼S)、行使認股權(代碼M),還是與行使選擇權相關的稅款支付(代碼F)、贈予(代碼G)等。

Form 4 文件的右上角顯示提交該文件的內部人的身

資料來源:美國證券交易委員會

份類型，例如是 10% 的擁有者、董事、執行長、財務長、
業務部副總等，如圖 3-9 所示。如果頭銜太長而寫不下，
則內部人的頭銜可以寫在文件的附註中。Form 4 文件中
間部分的「表格 I」還指出，內部人是直接為自己買進

圖 3-9：瑞奇‧巴頓 2012 年 4 月買進 Netflix 的表格第 3 部分

資料來源：美國證券交易委員會

股票，還是間接為配偶、子女、信託、基金或有限責任公司買進股票。

在 Form 4 文件的底部，內部人在名為「表格 II- 買進、處置或實益擁有的衍生性證券」項目中提供衍生品交易的資訊。如果一間公司已授予其執行長 400 萬股選擇權，並規定其中 100 萬股選擇權將在未來 4 年內分批生效，則有關這些認股權何時可行使、行使價格、到期日期等的資訊都會包含在表 II 中。

表格 II 正下方是 Form 4 文件的一個重要區域，名為「回應說明」（Explanation of Responses），其中包括文件的附註，如圖 3-10 所示。投資人應特別注意向美國證券交易委員會申報文件的附註，因為這些提供了申報的重要背景或解釋。此外，公司有時也會將不希望投

圖 3-10：瑞奇·巴頓 2012 年 4 月買進 Netflix 的表格第 4 部分

1. Title of Derivative Security (Instr. 3)	2. Conversion or Exercise Price of Derivative Security	3. Transaction Date (Month/Day/Year)	3A. Deemed Execution Date, if any (Month/Day/Year)	4. Transaction Code (Instr. 8)		5. Number of Derivative Securities Acquired (A) or Disposed of (D) (Instr. 3, 4 and 5)		6. Date Exe Expiration (Month/Day
附註包含有用的資訊				Code	V	(A)	(D)	Date Exercisabl

Explanation of Responses:
1. This transaction was executed in multiple trades at prices ranging from $85.01 to $85.07. The price reported above reflects the weighted average purchase price. regarding the number of shares and prices at which the transaction was effected.

資料來源：美國證券交易委員會

資人密切關注的資訊隱藏在附註中。

　　Form 4 文件的附註可能包含關於買進交易是否透過二次公開發行進行，以及內部人是否參與了該次公開發行的資訊。內部人經常參與二次公開發行，以向投資人展示信心。從 2012 年到 2017 年，馬斯克對特斯拉的每一次內部人買進都是參與二次公開發行，而不是在公開市場上買進股票。

取得申報的 Form 4 文件

　　現在你已經知道如何閱讀 Form 4 文件了，接著我們要介紹在哪裡可以找到這份文件。任何有關財務類型的資訊，通常最好的方法是直接查閱資料源頭，美國證券交易委員會提供的 EDGAR 系統可以查閱公司的所有申報文件（不限於 Form 4 文件），你可以透過以下網址進行搜尋：www.sec.gov/edgar/search（圖 3-11）。

　　在 EDGAR 中輸入你想知道的公司名稱或其股票代碼，選擇申請類別為「內部人股權獎勵、交易和持有情況（第 16 條報告）」，然後按下搜尋按鈕即可調出該公司的內部人申報資料，例如，圖 3-12 顯示的是蘋果

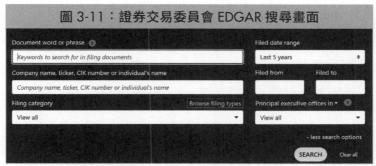

資料來源：美國證券交易委員會

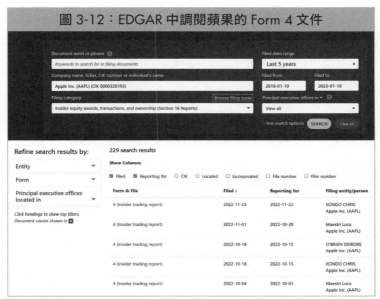

資料來源：美國證券交易委員會

（Apple NASDAQ：AAPL）申報的 Form 4 文件。

美國證券交易委員會以電腦可以處理的格式免費提供這些資訊，InsideArbitrage.com 等網站使用這些資訊來蒐集 Form 4 文件的數據，並以易於檢視的格式讓投資人存取。投資人可以同時查看多份 Form 4 文件，無需逐一開啟，圖 3-13 顯示了股價在 5 美元及以上的公司內部人購股紀錄，並篩選掉所有低於 5,000 美元的購股交易。

圖 3-13：篩選過的內部人買進資訊

資料來源：InsideArbitrage.com

總之，只要我們能區分真實訊號和雜訊，內部人交易可以幫助我們發掘值得投資的公司，這些公司有望帶來優秀的長期回報。在接下來幾章中，我們會探討其他事件投資的策略，你會發現內部人交易也會在其中幾個章節出現。

⊕ 內部人交易的潛在風險

　　內部人都知道市場參與者會關注他們的交易，有時你會看到內部人買進股票只是為了向市場發出訊號，這也算是喬治・索羅斯（George Soros）的反身性理論[8]的一個例子。

　　在少數情況下，公司甚至可能會發布新聞稿以引起人們注意內部人交易，在正常情況下，對你來說這應該是一個很大的危險訊號。一個值得注意的例外是在本章稍早討論過，哈洛德・哈姆對大陸資源公司的內部人買

---

8 編註：指市場參與者的行為及認知會影響市場，而市場變化又反過來影響參與者的行為。例如，投資者預期股價上漲而買入，推高股價，進一步強化預期，可能導致市場泡沫。

進交易，雖然公司發布新聞稿，但這次買進的時機非常好。正如那份新聞稿所指出的，這次的交易是「10b5-1方案」的一部分。

2000 年 10 月，美國證券交易委員會採用了包括《公平揭露規則》（Regulation FD）和 10b5-1 規則在內的新規定，如果這些資訊尚未為大眾所知，則禁止公司向投資者（包括但不限於機構投資者、投資組合經理或分析師）揭露重要資訊。如果資訊可以影響公司股票的價格，或是資訊的重要性足以影響投資人買進或賣出股票的決定，則該資訊就會被視為重要資訊。

換句話說，能夠輕易接觸公司的關鍵內部人不應提供投資人比大眾更早獲得資訊的不公平優勢。公司內部人通常比大多數投資人更早知道重要的資訊，包括季度財報、新發現、藥物批准、大客戶合約等。

如果內部人想在某一段時間內買賣股票，但不想在擁有重大非公開資訊的情況下被指控進行內線交易，就可以制定 10b5-1 計畫。10b5-1 計畫會明確概述交易的價格、金額和日期，並授權執行交易的經紀人決定何時進行購買或銷售，內部人士應該在他們掌握重要的非公開資訊之前就制定這些計畫。

Form 4 文件的附註通常會說明交易是否屬於10b5-1 計畫的一部分，但內部人在安排和取消這些計畫方面有一定的彈性，且這些方案可能會被作假。事實上，10b5-1 計畫的前身被修改，是因為以前有內部人利用這個計畫作假。

1. 公司內部人包括公司經營團隊、董事會成員和持有 10% 股份的人。這些內部人需要在交易後 2 個工作日內向美國證券交易委員會提交一份 Form 4 文件，內容包含他們買進、賣出或行使選擇權的詳細資訊。幾十年來的多項研究一致顯示，內部人的績效往往超越大盤。

2. 內部人買進比內部人賣出的資訊更有參考價值。由於每年向美國證券交易委員會提交的交易達數千筆，你必須靠某些策略，在內部人買進後找到有吸引力的機會。

3. 當一群內部人同時買進同公司的股票時，稱為集體買進。集體買進顯示的是，多個內部人願意將自己的錢投入其中，因為他們預期公司的前景大好。

4. 關注陷入困境並且有大量內部人買進的產業或部門，當塵埃落定後，該產業中最強的公司通常會有很好的表現。

5. 我特別關注董事會主席的內部購股行為，尤其是當這個人是公司的創辦人，或是已在董事會任職了幾十年，這一點對於能源或礦業等景氣循環產業來說尤其重要。

6. 具有投資背景的獨立董事內部人買進，有助於你發現投

資機會。

7. 賣買比（sell/buy ratio）是將一週內部人賣出的總額除以同一週內部人買進的總額。平均而言，內部人賣出的股票是買進股票的 30 倍。雖然罕見，但是當內部人買進總額超過內部人賣出時，可能傳遞出宏觀層面的看漲訊號。

8. 「反覆無常」的內部人是指原本在賣出，突然決定改變方向並開始買入的內部人，反之亦然。如果這種情況發生在 6 個月內，1934 年的美國《證券交易法》要求內部人需要把交易獲得的任何利潤返還給公司。

9. 內部人賣股行為並不會提供強烈的訊號，但需特別留意那些有多位內部人士同時賣股的公司，尤其是在股票下跌時。

10. 公司內部人知道市場參與者正在追蹤他們的交易，有時買進股票只是為了向市場發出訊號，以激起一般大眾對該公司股票的熱度。在一些極端情況下，他們甚至會發布新聞稿，引起人們關注他們的買進交易。

NOTE

Event-Driven Strategies

Mer

Stock Buybacks

SPACs

Spinoffs

Management Changes

實施庫藏股

Stock Buybacks

在《非典型經營者的成功法則》一書中，特勵達科技（Teledyne，NYSE：TDY）的共同創辦人暨執行長亨利・辛格頓（Henry Singleton）被描述為資本配置大師。辛格頓在 Teledyne 早期利用公司高市值的股票，在 8 年內收購了 130 間公司，我無法想像在現代環境中，這樣的交易會受到什麼樣的監管審查。

一旦好的收購機會變少，而 Teledyne 的股價也變便宜時，辛格頓就反向操作，在 12 年內買回公司 90% 的股份，因此，1963 ～ 1990 年標普 500 指數的年報酬率為 11.6%，Teledyne 的年報酬率則達到 20.4%，並不令人意外。

換句話說，若在 1963 年初投資 1,000 美元於標普 500 指數，到了 1990 年底，這筆錢會變成 2 萬 1,607 美元；而將 1,000 美元投資於 Teledyne 股票則會成長到 18 萬 943 美元，這就是複利的驚人威力。

實施庫藏股原因及買回方法

當一間公司實施庫藏股時，在外流通的股數就會減少，因而使利潤分配的股數減少，這麼做會提高每股盈

餘（EPS），如果公司支付股利，股東就可以領取更高額的股利。

實施庫藏股最明顯的原因就是返還價值給現有股東，尤其是在股價低的情況下。但公司也會出於其他原因而實施庫藏股，例如抵消因為給予員工認股權而造成的股權稀釋，以及減少在外流通股數以提高公布的每股盈餘。

在美國，除非股東將股票存放在退休金帳戶中[9]，否則領取股利就必須繳稅，但是當公司實施庫藏股，就能將價值返還給股東的同時幫股東節稅。如果在正確的時間實施庫藏股，公司的價值應該會在一段時間後提升，進而將股價推得更高，而除非投資人決定出售股票，否則價位提升的部分不會被課稅。

2022 年通過的《降低通膨法》（The Inflation Reduction Act）對庫藏股開徵 1% 的新稅，這項稅法於 2023 年生效，要求實施庫藏股的公司繳納稅款，但相較於實施庫藏股的長期利益，對企業來說這只是一個需要

---

9 編註：美國現行制度，若股票存放於 401(k) 或 IRA 的退休帳戶，股息和資本利得可暫時免稅，直到提取時才需繳稅。

克服的小障礙而已。

　　企業實施庫藏股的方式有兩種，包括從公開市場買進及公開收購。

▪ 公開市場買進（Open-market purchases）

　　從公開市場買進這個方式為企業提供了最大的靈活度，因為公司可以分散在幾個月或幾年內買進，並在認為合適的時候停止買進。如果市場條件不利，即使公司已宣布實施庫藏股，也可能不執行，本章稍後介紹公司釋放的訊號時，將進一步討論這一點。

　　另一方面，如果市場條件有利，而且公司經營團隊認為股價特別便宜，他們可能會與投資銀行簽訂加速買回庫藏股（accelerated share repurchase，ASR）方案，由銀行代表公司收購大量股票，以協助公司快速執行庫藏股。銀行可能會立即交付商定的一定數量的股票給公司，然後在短時間內交付剩餘的股票。

▪ 公開收購（Tender offers）

　　第 2 種選擇稱為公開收購，公司會向股東宣布，願意以一定的價格買回其股票。公司提供的價格通常高於

當時的市價，以吸引現有股東賣回手中持有的股份。在某些情況下，公司會提出一個公開收購的價格範圍，股東可以選擇他們願意賣回股票的價格。

舉例來說，在 2020 年 8 月的公開收購中，賀寶芙（NYSE：HLF）願意以每股 44.75 ～ 50 美元的價格，買回 7.5 億美元的庫藏股。如果你持有賀寶芙的股票並願意以 45 美元的價格賣回給公司，那麼在公開收購超額的情況下，你的股票被公司接受的機率會高於以 50 美元提交的投資者。

公開收購開放於指定期間內進行，有時包含最低收購條件，亦即公司只有在投標股份達到一定數量時才會進行回購。

如果你是股東並想要將你的股份賣給公司，必須透過券商提交你的股票，一旦你提交股票，股票就會被鎖定而無法交易。如果公司接受你的股票，券商會將現金存入你的帳戶，另一方面，如果市場提交的股份不足，公司可能會取消公開收購，然後你的股票會被解除鎖定，可以自由地在公開市場上交易。

還有另一種可能的結果，那就是股東提交的股票超過公司想要買的數量，在這種情況下，你的股票會被按

比例分配，也就是只有一部分被接受，其餘股份會退還給你。

　　現在大多數的公司比較喜歡公開市場買進的靈活性，而公開收購（除與併購相關的情況外）則越來越罕見。當一間公司透過公開收購買回自己的股票時，稱為發行人公開收購（issuer tender offer），你可以在美國證券交易委員會的網站上找到發行人公開收購的資訊[(8)]。

　　發行人公開收購也用於買回債券或優先股，例如，美國銀行（Bank of America，NYSE：BAC）於 2022 年 11 月宣布了一項公開收購，買回價值高達 15 億美元的特定優先股[(9)]。針對每一項公開收購，你都必須查看申報文件方能了解收購的具體內容。

　　優先股通常支付更高的股利，但不會和普通股一樣上漲，意思是如果公司經營良好並隨著時間公告更高的獲利，普通股可能會上漲，但優先股不會。優先股對利率的變化更敏感，當利率上升時，優先股的價格可能會下降，因為投資者可能選擇收益率更高或風險更低的替代品，這正是 2022 年發生的情況，當時聯準會迅速升息以對抗通膨，導致優先股和債券的價值開始下跌。美國銀行希望利用這個機會買回價值下跌的優先股，透過

公開收購將優先股買回並註銷。

在某些情況下，公開收購為投資人提供了一個鎖定金額不高但保證獲利的機會。

在美股市場，投資人可以交易特定公司的少量股票，交易單位甚至可以小於 1 股。舉例來說，如果你想用 1,000 美元買進蘋果股票（NASDAQ：AAPL），當時股價為每股 150 美元，換算下來你可以購買 6.67 股。不過，曾經有一段時間這是不可行的，投資人必須以 100 的倍數買進股票，又稱為整股交易（round lot）[10]，任何少於 100 股的數量都被稱為零股。

一些公開收購有一個「零股條款」（odd lot clause），也就是如果你提交的股數少於 100 股，公司會以收購價格接受你的零股，不過這種情形現在比過去少了。意思是，如果你能夠在公開市場上以低於公開收購的價格價買進股票然後參與提交，那麼零股條款消除了你的股票是否會被接受的不確定性，因此可以保證獲利。但是這種條款的限制是，這樣的操作不能超過 99 股。

---

10 譯註：整股就是一個完整的股票單位，台灣的股票單位為「張」，1 張股票是 1,000 股；美股則是以 100 股為一個整數，不滿 100 股稱為零股（odd lots）。

為什麼公開收購會出現這種選擇，而且為什麼近年來越來越少見？

　　公司出於各種目的必須保留所有股東的紀錄，包括發放股利、在股票分割時發行更多股票、向現有股東發行權利以允許他們買進更多股票，以及分拆時分配股份等等。

　　在電腦簡化這個過程以前，公司可以透過回購，從持有少量股票的投資人手中買回股票以減輕公司的行政負擔，因此才會有零股條款。參與零股收購曾經是一種幾乎可以保證賺取獲利的方法，廣受投資人的歡迎，然而，當企業開始減少施行零股條款的時候，每當一間公司宣布公開收購零股，零股股價就會迅速上漲，使投資人難以獲得以前幾乎可以保證的獲利。此外，也出現了一些情況，使得零股條款被取消或修改。

　　最近一個帶有零股條款的公開收購例子是 ADT（NYSE：ADT）以每股 9 美元的價格，買回總值 12 億美元的自家股票。公司打算收購 1 億 3,300 萬股，而參與公開收購意圖賣出的數量遠高於此，高達 7 億 3,210 萬股。公司接受了所有的零股，之後整股的配售比例是 18.17%。也就是說，參與公開收購的整股投資人，每提

交的 100 股中，只有 18.17 股被接受。

　　由於此次公開收購價格較低，零股收購的最大利潤有限。ADT 於 2022 年 10 月 13 日宣布公開收購，隔天股價收盤為 8.01 美元，選擇一般公開收購選項的投資人也獲得了不錯的回報，因為他們提交的股票有 18.17%以每股 9 美元的價格被接受，該股在公開收購後的幾週內仍維持在 8.01 美元以上的價位，在 2022 年 12 月達到略高於 10 美元的高點。在這種情況下，參與公開收購的零股及整數投資人都從中受益，但由於股價很低，所以比起一般投資人，零股投資人賺取的利潤很小。

經營團隊的判斷與景氣循環產業

　　實施庫藏股反映的是經營團隊對於股價高低的判斷，當股價低時，你會希望經營團隊買回股票；當股價高時，則應該增資發行或使用股票作為支付工具收購其他公司。實施庫藏股也顯示經營團隊無法投資於新的業務，或是找不到有吸引力的收購機會。

　　公司實施庫藏股通常會有不好的評價，是因為有幾個著名的案例是公司在錯誤的時機實施庫藏股。花旗集

團（NYSE：C）在 2007 ～ 2009 年爆發房地產引起的金融危機之前，把寶貴的現金拿來實施庫藏股。後來花旗被迫接受紓困，金額超越美國任何銀行獲得的紓困金。

我觀察到最常見的實施庫藏股錯誤都與景氣循環產業有關，我們要深入研究 2 個這樣的產業，以了解景氣循環股是如何運作的，以及為什麼這些產業的經營團隊會犯錯誤。

▪ 航運業

航運業是眾所周知的景氣循環產業，當經濟繁榮且需求增加時，跨海運輸貨物的航運公司可以收取更高的費用來提供服務，利潤增加使這些公司的現金充裕，這通常會導致一些航運公司訂購新船，以滿足不斷增加的需求賺取更多利潤。不幸的是，訂購新船後可能要好幾年後才能完成交付。

如果新造的船隻是在經濟降溫、需求減弱之後才交付，那麼航運公司就不能像訂購新船時收取相同的運價，即使景氣持續，經濟正在快速發展，如果太多航運公司在同一時間擁有新船，供給將超越需求，運價會下降，這將導致利潤下滑，最終陷入虧損。景氣循環底部通常

伴隨著破產潮，存活下來的公司會透過併購進行整合。

　　股票在景氣循環高峰時看起來很便宜，公司在此時擁有充裕的現金。然而，處於高峰期的景氣循環企業是「價值陷阱」，沒有經歷過多個景氣循環或不了解特定產業動態的投資人，往往買進這些「價值陷阱」後會學到慘痛的教訓。

　　企業也不能倖免於這種現象，它們經常會在景氣高峰附近回購股票，而此時正是景氣即將逆轉並開始下行的時候。

▪ **能源業**

　　2023 年初，能源巨頭雪佛龍（NYSE：CVX）宣布實施庫藏股，金額高達 7,500 億美元，這是最大的庫藏股公告之一，宣布類似規模庫藏股的其他公司只有字母控股（NASDAQ：GOOG）和蘋果（NASDAQ：APPL），分別於 2022 年 4 月宣布買回 700 億美元和 900 億美元。

　　雪佛龍並不是唯一宣布實施庫藏股的能源公司，無論是大型還是小型能源生產商、石油服務公司，或是透過管道跨洲運輸石油和天然氣的公司，全都曾公布實施

庫藏股。要了解能源公司這麼熱衷於買回自家股票的原因，我們就必須回顧一下過去。

在 2010 年代，美國發生了一場新能源革命，水力壓裂技術蓬勃發展，使能源公司能夠在岩石層中水平鑽探，注入水、沙子和化學品的混合物，進而釋放出以前無法開採的石油和天然氣。

水力壓裂的技術顯著增加了石油和天然氣的產量，幫助美國實現了能源獨立。很快地，我們從原本對「石油峰值」（peak oil）[11] 的恐懼，轉變為石油產量大幅過剩的擔憂，天然氣更是如此。不幸的是，這些水力壓裂公司的投資人並沒有在這樣的榮景中受益，這些壓裂廠消耗大量資本，從地下抽出了大量的石油，到頭來，他們幾乎沒有賺到什麼錢。

令人驚訝的是，水力壓裂公司不賺錢的原因是這些製造商決定不加入全球為數不多的合法同業聯盟之一，也就是石油輸出國家組織（OPEC）。同業聯盟就是一群公司聯合固定價格，以避免業內競爭並維護自身獲利，

---

11 譯註：石油峰值是種假設性的理論，研究人員認為當石油的產量達到最後的高峰值，產量就會不可逆轉地下降。

卻損害消費者利益的行為，所以是非法的。OPEC 是一個由石油生產國組成的全球同業聯盟，這些國家合作控制石油的供給，因而控制著石油的價格。

當我想到水力壓裂公司時，首先想到的是綠光資本（Greenlight Capital）著名避險基金經理人大衛・艾恩宏（David Einhorn），在 2015 年的修恩會議（Sohn Conference）上發表搞笑的「遇見壓裂者」演講 [10]。我非常尊重艾恩宏先生，我喜歡閱讀他的書《空頭之王》（*Fooling Some of the People All of the Time, A Long Short Story*，無中譯版），這本書講述了他放空聯盟資本（Allied Capital）多年的努力 [11]。

有一段時間，艾恩宏對這些製造商的看法是正確的，因為他們繼續消耗越來越多的資金來鑽探，並讓過剩的供給充斥能源市場。由於水力壓裂業者並沒有配合石油國組織以限制供給的方式來穩定油價，因此石油國組織便採取攻擊行動。這些國家策畫了一場價格戰，使水力壓裂業者屈服，還有好幾家公司宣布破產。

但是近年來這種情況發生了變化，諸如大陸資源（Continental Resources）和響尾蛇能源（Diamondback Energy，NASDAQ：FANG）等公司控制成本，並謹慎

選擇資本支出項目。換句話說，他們決定不再像以前那樣鑽那麼多孔，而是採取更謹慎的方法來提高產量。走出新冠肺炎相關的衰退後，他們配合石油國組織的政策，結果油價飆升，為水力壓裂公司和雪佛龍等綜合石油公司帶來了巨額的利潤。

其中一個例子是水力壓裂公司響尾蛇能源公司，該公司在於 2021 年 9 月中旬宣布實施高達 20 億美元的大規模庫藏股，占公司市值近 14%。公司明確表示將專注於返還價值給股東，同時控制產量。公告發布後，公司開始買回股票，並在接下來幾季宣布了一連串的特別股利，並增加了常規股利。在公司宣布實施庫藏股時，股價接近 80 美元，不到 10 個月股價就漲了 1 倍，站上略高於 160 美元的高點。

能源業公司實施庫藏股的公告是在景氣循環高峰時發布的，但其推動因素與我們在 2006 年看到的花旗集團的公告有很大不同。

像花旗集團一樣的情況很多，而反例也一樣多，例如我們之前討論過特勵達的例子。身為投資人，我們不能相信傳聞證據，了解長期景氣變化的整體資訊才能讓我們了解庫藏股的效益。熟悉產業動態將有助於你了解，

哪些公司實施庫藏股是在景氣高峰犯的錯誤，而哪些是企業在景氣變化中試圖緩和供給量。

庫藏股之王 [12]

2016 年 12 月，知名的價值投資人莫尼希．帕布萊（Mohnish Pabrai）[13] 和當道基金（Dhandho Funds）的量化分析師趙穎卓（音譯，Yingzhuo Zhao）在《富比世》發表了一篇標題為〈讓道給道瓊狗股策略 [14]，庫藏股之王在此〉（Move Over Small Dogs Of The Dow, Here Come The Uber Cannibals）的文章。[(12)]

他們聽從查理．蒙格對於留意庫藏股之王的建議，於是決定從 1992 年到 2016 年進行回溯測試，建立了前一年實施庫藏股最多的 5 間公司的投資組合。每年 3 月 18 日對投資組合進行再平衡，以挑選符合其標準的任何新公司。

---

12 譯註：庫藏股之王原文是 Uber Cannibals，是巴菲特的波克夏海瑟威公司副董事長查理．蒙格的說法，意思是大規模實施庫藏股的公司。

13 譯註：莫尼希．帕布萊被稱為印度股神。

14 編註：道瓊狗股（Dogs of the Dow）策略指的是在每年年初購買道瓊指數中，股息殖利率最高的 10 支股票，然後在下一年年初重新調整投資組合。

實施庫藏股並不是他們使用的唯一標準，他們剔除掉市值低於 1 億美元的公司、保險公司，以及營收沒有成長的公司，並增加價值標準，選擇股價營收比低於 2.5 的公司，並確保實施庫藏股的資金比例高於同期的股息殖利率至少 2%。

　　幾年前，我在一篇部落格文章中介紹他們的成效時寫了以下內容：「多年來，很多學術研究顯示，實施庫藏股的企業績效會相當卓越。莫尼希·帕布萊最近對「庫藏股之王」（定義是實施庫藏股的前 5 大企業）的研究顯示，庫藏股之王在 26 年間的長期績效比標普 500 指數年化報酬率高出 6.3%。」

　　令人著迷的是，自 2001 年以來稱霸榜單的汽車零件零售商 AutoZone 和房屋建築商 NVR 等公司，至今仍然穩定地實施庫藏股。當帕布萊和趙穎卓發表這篇文章時，AutoZone 在過去 20 年已經買回了 80% 在外流通的股份，而 NVR 則買回了 75%。從 2019 年到 2023 年，AutoZone 又買回了 25% 股份，NVR 則註銷了超過 12% 的股份。

　　在檢視他們的投資組合時，另一件值得注意的事情是，雖然有些公司連續 2 年出現在名單中，進入前 5 名的

公司通常是新公司（但 AutoZone 和 NVR 是例外），這也進一步證實了公司經常在景氣高峰錯誤地實施庫藏股。

近年來，蘋果公司是一個成功實施庫藏股的典範，它既在業務方面表現出色，又以極佳的價格買回了大量股票。

蘋果在 2018 ～ 2022 年註銷了超過 20% 的在外流通股，此外，如前所述，蘋果還宣布在 2021 年和 2022 年再買回 900 億美元庫藏股計畫。相較之下，字母公司（Google 母公司）買回的規模較小，公司在 2019 ～ 2022 年間註銷了略高於 5% 的在外流通股，同時在 2022 年 4 月宣布買回 700 億美元的庫藏股計畫。

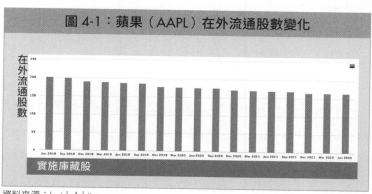

資料來源：InsideArbitrage.com

過去 5 年來，成為庫藏股之王第 1 名的公司是血液透析服務供應商 DaVita（NYSE：DVA），該公司在 2017 年第 3 季至 2022 年第 3 季期間註銷了近 50% 的在外流通股。雖然財報數據顯示，在這段期間 DaVita 的每股獲利增加了 1 倍，但股價幾乎沒有上漲，因為每股盈餘成長是來自在外流通股數的減少。進一步檢視，這段期間 DaVita 營收成長不到 20%，這顯示 DaVita 不會出現在帕布萊的策略名單上。波克夏於 2012 年至 2013 年開始持有 DaVita 的股份，並於 2022 年擁有該公司約 40% 的股份。

我關注的是那些庫藏股計畫占其市值比例較高的公司，而不僅是像蘋果和字母公司這種以金額來看，庫藏股計畫規模非常大的公司。一個近期的例子是 Franchise Group（NASDAQ：FRG）在 2022 年 5 月 18 日公告的 5 億美元庫藏股計畫，該庫藏股計畫規模占公司市值超過 31%。

Franchise Group 是一家控股公司，旗下率有寵物補給加（Pet Supplies Plus）、美國貨運（American Freight）、維他命採購（The Vitamin Shoppe）、巴迪居家裝潢（Buddy's Home Furnishings）和自由稅務服

務（Liberty Tax Service）等公司。Franchise Group 的庫藏股預計將執行 3 年，雖然這似乎是一個很有吸引力的機會，但我們必須深入分析，不能只看公司市值。Franchise Group 資產負債表上的淨債務為 23.5 億美元，將公司的企業價值推升至 39.2 億美元。像 Franchise Group 這樣槓桿較高的公司，應該選擇實施庫藏股還是優先償還債務呢？

簡單的答案是，應優先償還債務。而更深入的分析還需要考慮以下幾點：將債務成本與當時的利率做比較，看看債務成本是否低廉，而且幾年內還不會到期；其次，評估公司當前的盈利能力及償還利息的能力；最後，分析未來的預期成長，並判斷公司股票是否被嚴重低估，進而成為當下資本配置的最佳選擇。

這裡說明一下，庫藏股公告發布後，有時候不會真的實施。重要的是要了解一間公司是否真的要買回股票、是否只是為了彌補股權激勵造成的股權稀釋，或者只是試圖向市場傳遞訊號，這也是為何需要同時追蹤計畫宣布與實際流通股減少數量的原因之一。公司必須在向美國證券交易委員會提交的季度報告（10-Q）和年度報告（10-K）中，揭露在外流通的股數。

庫藏股、內部人買進的雙重訊號

我設計了一個篩選條件來找出有趣的投資機會，稱為「雙重買回」。雙重買回的英文 Double Dipper 聽起來像是六旗遊樂園的雲霄飛車名稱，實際上是指那些正在實施庫藏股，且內部人同時在為個人投資組合購買公司股票的公司。

這個篩選條件提供了雙重訊號，顯示內部人的行為與董事會的行為一致——董事會是決定公司是否實施庫藏股的人。

案例研究 1：Avis Budget Group

喬・費拉羅（Joe Ferraro）在汽車租賃公司艾維士百捷集團（Avis Budget Group，NASDAQ：CAR）擔任臨時執行長時，公司正處在歷史上最艱難的時期之一。在擔任美洲總裁期間，他負責管理北美、南美和加勒比海地區的艾維士（Avis）、百捷（Budget）、Payless 和 Zipcar 品牌，並於 2020 年初接任公司最高職位，這是他在該公司近 40 年的職業生涯巔峰。

與此同時，柏納多·希斯（Bernardo Hees）於2020年2月被任命為董事會獨立主席。希斯先生是巴西經濟學家和商人，曾擔任漢堡王（Burger King）和卡夫亨氏（The Kraft Heinz Company）食品公司的執行長，他曾是 3G Capital 的合夥人，這是一間擁有巴西背景的全球私募股權公司。該公司於 2013 年與巴菲特合作收購亨氏，後來在 2015 年將亨氏與卡夫合併，創立了卡夫亨氏公司。希斯在漢堡王和卡夫亨氏降低成本的經驗豐富，對艾維士百捷來說具有極大的價值。

在希斯加入董事會擔任董事長的那個月，由於疫情造成全球封鎖及旅遊人數急遽下降，公司股價也跟著崩跌，艾維士百捷股價不到 1 個月的時間，從 2020 年 2 月的每股逾 50 美元跌至 7.78 美元左右。該公司原本預計 2020 年營收要增加 15%，但在 2020 年第 2 季營收減少逾三分之二，並且公布每股大虧 6.91 美元。

公司迅速採取行動，取消了 2020 年剩餘時間的新車訂單，並於 2020 年 3 月售出車隊中 3 萬 5,000 輛汽車。第 2 季，公司又處置了 10 萬輛汽車，並大幅裁員、削減高階經理人的薪酬，刪減了近 10 億美元的年度開銷，還與機場協商租金、重新談判一些債務契約，並發行新

的債券以爭取喘息空間。在艾維士百捷採取這些措施的同時，其最大競爭對手赫茲（Hertz）宣布破產。

到了 2020 年中，公司的基礎更加穩固，艾維士百捷取消了費拉羅的臨時頭銜，並任命他為執行長，希斯也成為執行董事長。此時股價迅速回升，相較 2020 年第 2 季創紀錄的虧損，僅 1 年後公司就公布 2021 年第 2 季每股獲利為 5.23 美元。

新冠疫情引發的振興措施泡沫，將艾維士百捷股價推升至 2021 年 11 月接近 300 美元的高點，然後才回落。儘管波動極大，但該公司股價仍比 2020 年 2 月疫情前的高點還要高出逾 260%，在我撰寫本文時距 2020 年 3 月的低點已過將近 3 年，股價上漲了 1,549%。

是什麼幫助艾維士百捷不僅生存下來，而且還蓬勃發展？能幹的經營團隊在疫情初期迅速採取行動是一大幫助，此外，競爭對手赫茲的困境也幫上了忙，赫茲計畫在破產程序中出售其超過 50 萬輛車隊的 18 萬輛車，而供應鏈問題使新車的供給受到限制，結果當封鎖一結束，旅行的需求恢復強勁，消費者可以租用的汽車變少了，租車價格全面大幅飆升。

在 2021 年和 2022 年的 2 年間，艾維士百捷集團

透過實施庫藏股，收回了近三分之一的在外流通股份，公司在外流通股數從 2020 年底的 7,050 萬股，下降到 2022 年底時只有 4,840 萬股。

雖然這件事本身並不是什麼了不起的壯舉，但是當公司於 2023 年 2 月 16 日向美國證券交易委員會提交 2022 年 10-K 報告時，已在報告中指出截至 2023 年 2 月 10 日在外流通股數降至 3,948 萬股，顯示公司在 2023 年初仍顯著加速實施庫藏股。

在此期間，公司執行董事長柏納多‧希斯透過 3 筆內部人交易買進價值近 1,500 萬美元的股票。

該公司早在疫情之前就是自身股票的大買家，非常有意思的是，他們在 2020 年第 1 季時也沒有停止實施庫藏股，當時支付的平均價格是 22.49 美元，他們在 2020 年 3 月疫情最嚴重時期仍持續買進，當時的世界根本戛然而止，幾乎沒有人旅行。[13]

接下來的 4 季，艾維士百捷集團暫停實施庫藏股，然後在 2021 年第 2 季時又恢復，在 2021 年 6 月擴大其庫藏股計畫至 3.25 億美元，接著在 2023 年 2 月又增加了 10 億美元。

艾維士百捷是一個傑出經營團隊的範例，他們既是

優秀的營運商也是優秀的資本配置者，在適當的時候加大實施庫藏股力道，為股東帶來價值，公司內部人還在2021年和2022年多次為自己的帳戶買進股票，就是「雙重買回」這個篩選條件讓我注意到這支股票。

透過庫藏股發出公司訊號

當公司宣布大規模實施庫藏股時，投資人往往會推高股價。長期研究顯示，內部人買進和庫藏股公告都會導致股價短期上漲，而公司經營團隊也對這個現象有所認知。就像內部人買進一樣，公司宣布大規模庫藏股計畫時，有時可能是公司試圖向市場發出訊號，或者是誤判公司的股票被低估了。

根據大衛‧艾肯貝瑞（David Ikenberry）博士等人在1995年的一項學術研究，實施庫藏股的公司自首次公告日起的4年內，股價表現比同業還要高出12.1%[14]。雖然該研究對象是1980～1990年的庫藏股，但近期的研究和分析（例如本章前面「庫藏股之王」提到的研究）也指出，這類公司的表現優異。1995年那份論文特別值得注意的是，研究對象中，價值型股票出現驚人的平均

超常報酬率表現，高達 45.3%，而「明星股」（我們現在稱之為成長型股票），則沒有超常報酬率。

作為投資人，我們該如何避免因為以下原因而宣布實施庫藏股的公司？

- 為了從市場上獲得初步的正面反應；
- 為了達成某些指標（例如提高每股盈餘數字），而這些指標可能與管理階層的獎金或股票激勵掛鉤；
- 為了買回股份以抵消員工認購權帶來的股本稀釋；
- 對公司估值的判斷出現錯誤。

故意發出的訊號

我們先來看看那些故意發出訊號的公司。在之前提到的那篇論文 15 年後，艾肯貝瑞博士等人合著了另一篇名為〈實施庫藏股作為可能誤導投資人的工具〉（Share Repurchases as a Potential Tool to Mislead Investors）的論文，探討企業及其經營團隊如何利用實施庫藏股公告來影響投資人情緒。[15]

研究員研究了 1980 ～ 2000 年這 20 年間美國宣布

的 7,628 起庫藏股計畫，發現試圖向市場傳達錯誤訊號的公司，雖然在短期內與其他公司一樣獲得了正面表現，但長期下來，這些公司並沒有出現超越大盤的表現。

會做這種事的公司，是因為經營團隊承受著必須拉抬股價的巨大壓力，而且因為他們的薪酬有很大一部分是與股票選擇權掛鉤。這類公司的營收下滑、股價大幅下跌，分析師正在不斷下調其盈利預測，這些指標為投資人提供了足夠的資訊，判斷哪些公司可能正在發出訊號，而哪些公司真心認為他們的股票被低估了。

研究人員分析中一個令人欣慰的亮點是，在他們分析的總數中，只有不到 10% 的公司涉嫌從事這類行為。

被誤導的股價評價

現在我們已經了解該如何找出正在故意發出訊號的公司了，那麼我們該如何找出那些真的誤以為股票被低估的公司呢？

波士頓學院（Boston College）的 3 位教授幫我們回答了這個問題。在他們撰寫的〈管理者一定比較懂嗎？經營團隊與分析師預測的相對準確性〉精彩論文中，作

者 Amy Hutton、李連芬（音譯）和 Susan Shu 發現，當商業週期、大宗商品價格和監管環境等總體經濟因素對公司產生重大影響時，分析師的預測能力會優於公司的經營團隊。[16] 這顯示在評估公司實施庫藏股的動機時，將分析師的預測納入考量可能會有幫助。

十多年來，我觀察數百間公司的內部人交易得出了同樣的結論，看到一項學術研究正式證實了我的假設，令我非常振奮。

相反的，研究團隊發現，對於那些正在經歷某種內部問題（例如庫存快速成長）的公司，以及有多個營業單位或商業模式不透明的公司（我稱這些公司為「黑盒子」），經營團隊則是比分析師更具優勢。在評估實施庫藏股的公司時，最好避開這類公司，除非你有特別的洞察力，並且可以花大量時間了解公司的各個部分，或至少是公司對公眾透明的部分。在這類公司中，經營團隊比分析師更具優勢並不令人意外。

對投資人來說，一種可行的方法是找出那些正在買回股票的公司，或者其內部人正在買進自家股票的公司，且同時分析師也正在上調該公司的獲利預測，這顯示經營團隊和分析師的預期一致，可能是一個很好的投

資機會。

我使用內部人買進和實施庫藏股這 2 個條件，為我帶來投資方向，而不是當作加入投資組合的主要訊號。在將辛苦賺來的錢投資於公司之前，進一步研究以了解公司及其估值，這是不可或缺的。

案例研究 2：Bed, Bath & Beyond

零售業是一門特別充滿挑戰的生意，利潤微薄、消費者品味變化無常，且涉及眾多運營環節，我記得我的第一台音響系統是在蒙哥馬利沃德（Montgomery Ward）百貨連鎖店買的，幾個月後這間店就關門大吉了。多年來，我看過一大堆零售商宣布破產，包括西爾斯百貨（Sears）、RadioShack、Mervyn's、玩具反斗城（Toys "R" Us）、健寶園（Gymboree）、床墊零售商 Mattress Firm、服飾商 American Apparel、Aeropostale、廉價鞋店 Payless、健康食品商 Vitamin World 等等。

這份短短的清單中令人驚訝的是，它包含了從電子產品到兒童玩具的各種零售產業，在撰寫本文時，另一間可能加入他們行列的公司是 Bed, Bath & Beyond

（NASDAQ：BBBY，以下簡稱 BB&B），這家以提供顧客「八折券」、賣床單和毛巾聞名的公司，現在成了雞蛋水餃股，市場普遍預期公司會破產。

我曾在 BB&B 購物幾次，但經常不想在店裡買任何東西就離開了，並不完全是價格的問題，也不是因為有太多東西令人難以選擇，而是它的店面總是讓我感覺有些不對勁。BB&B 沒有好市多的價格優勢，沒有塔吉特（Target，NYSE：TGT）的便利性，沒有 TJX（NYSE：TJX）給人尋寶的感覺，也沒有 Restoration Hardware（NYSE：RH）傢俱公司那樣的獨特性。BB&B 迫切需要找出商品特色，並需要打破現有的模式，以擺脫作為零售大賣場中一間不起眼的郊區購物中心的形象，因為不起眼而總是被忽略的孩子。

在艾維士百捷集團任命喬‧費拉羅的 2 個月前（之前案例研究中討論到的），BB&B 在 2019 年 11 月聘請了馬克‧崔頓（Mark Tritton）擔任執行長。不同於艾維士百捷集團選擇了一位在公司任職 40 年的資深人士，BB&B 則是找來空降部隊，選擇了塔吉特的產品長來擔任執行長的職位；不到 6 個月後，公司在 2020 年 5 月任命古斯塔沃‧阿納爾（Gustavo Arnal）為財務長，阿

納爾在此之前曾任化妝品公司雅芳（Avon）的財務長。

　　BB&B 和 Aeropostale 等公司之間的另一個共同點是，他們因為實施庫藏股的時機不當，花掉了大量資金。在 2020 年 10 月至 2022 年 3 月期間，BB&B 因為實施庫藏股而燒掉了近 10 億美元的資金，BB&B 不僅在充滿挑戰的市場條件下耗盡了寶貴的現金儲備，還加快了部分庫藏股計畫，在 1 年內完成，而不是 3 年。

　　在新冠肺炎疫情大流行期間，許多散戶投資人開始活躍於股市交易，並在像 Reddit 這樣的討論板上交換想法，他們透過帶有搞笑標題的圖像（即所謂的迷因）交換有關股票的資訊，對這些交易者特別有吸引力的一類股票，是股價被壓低、有大量空單餘額的公司。這些公司通常是營收下滑或負債沉重的公司，放空者認為這些公司會繼續下跌或最終破產。

　　正如我們在關於併購套利一章中所描述的，放空者最初從券商借來股票，然後出售這些不屬於他們的股票，打算之後以較低的價格買回並歸還給當初借券的券商。換句話說，如果一切按照計畫進行，他們會賣高買低。另一方面，如果股票價格上漲，放空者最後會虧損，並在某個時候將被迫買回股票，即買回來平倉。要計算空

單比例，你需要將空單股票數量除以平均每日交易量。

舉例來說，如果有 1,000 萬股空單，而平均每日交易量為 100 萬股，則空單倉位比例為 10，換句話說，放空者大約需要 10 天才能補足他們的部位（假設所有的買單都是放空者買的），包括那斯達克網站在內的多個網站會定期公布空單倉位比例。

像 BB&B、Gamestop 和 AMC Entertainment 等這類公司成為最受青睞的迷因股，大量散戶開始買進，導致股價迅速飆升，這迫使放空股票的投資人在高價位買進以平倉部位。買進會帶來更多的買進，像 Gamestop 這樣的公司股價因此迅速飆漲（迷因股投資人形容為「直衝登月」），然後股價又跌回到地面。Gamestop 的股價從 2020 年 9 月不到 89 美元，到了 2021 年 1 月上漲到 325 美元的高點；同樣的，BB&B 的股價從 2020 年 9 月不到 12 美元，飆升至 2021 年 1 月漲破 35 美元。

從圖 4-2 可以看出來，BB&B 大部分實施庫藏股的時機，都在該股成為最受青睞的迷因股時，以高價交易。在此之前幾年，BB&B 股價一直在每股 10～20 美元之間擺盪。

BB&B 的資產負債表顯示 2020 年 2 月時公司有 14

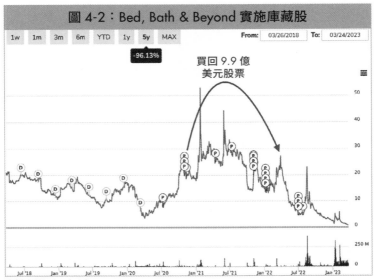

圖 4-2：Bed, Bath & Beyond 實施庫藏股

資料來源：InsideArbitrage.com

億美元現金和 15 億美元債務，但因為不當的資本配置政策以及超過 10 億美元的損失，財務遭受重創。到了 2022 年 8 月，資產負債表只剩下 1.35 億美元現金，債務卻增至 17 億美元。

BB&B 的悲劇還不僅是差勁的財報、持續關閉的店面和裁員，連財務長古斯塔沃・阿納爾都從紐約翠貝卡的摩天大樓墜樓身亡，而且被判定為自殺。在此之前，

2020 年和 2021 年因迷因股帶動股價反彈期間，阿納爾和 BB&B 因為拉高出貨而被起訴。

營收下降、虧損以及在錯誤時間實施庫藏股的誤導性資本配置政策，導致公司於 2022 年 6 月解雇崔頓。不到 3 個月後，阿納爾就喪命了。

本章介紹的 2 個案例研究形成了強烈的對比。兩間公司幾乎在同一時間任命了新的執行長、都是消費性產業的公司，但他們在艱難的環境中採取了不同的經營方式，尤其是在資本配置政策和庫藏股的使用上，差異尤為明顯。

在查看庫藏股公告或實際實施的資訊時，首先應該檢視經營團隊之前的資本配置決策紀錄，他們什麼時候選擇發行公司債或償還債務？之前的併購活動是否刺激營收成長並提高了淨利率？過去是在股票昂貴或便宜時，發行或買回股票？此外，你還應該從質化的角度出發，深入了解公司在同業中的定位、市場價格以及公司內在價值的比較，以及任何對公司有利或不利的總體經濟因素。

最後，查看經營團隊是否用自己的錢在公開市場上買進股票，還是在公司實施庫藏股的時候出售股票。

⊙ 庫藏股的潛在風險

2014 年 9 月發表在《哈佛商業評論》上的專文「沒有繁榮的獲利」（Profits Without Prosperity）中，作者 William Lazonick 對庫藏股分享了另一種看法[17]。Lazonick 博士是麻省大學洛厄爾分校（University of Massachusetts, Lowell）榮譽經濟學教授，這篇論文討論了庫藏股的負面影響，與帕布萊文章中描繪的樂觀景象形成強烈的對比。

Lazonick 博士指出，將利潤用於庫藏股回購，會使公司幾乎沒有什麼錢可以投資於生產力或提高員工收入。當公司將賺到的現金用於實施庫藏股，而不是將這筆錢用於應進行的研發或收購公司時，情況確實是如此。

雖然我對作者的觀點抱有一定的理解，但他提出應該完全禁止庫藏股的建議顯得有些極端。2023 年開始實施的 1% 庫藏股稅似乎正朝著作者希望政府採取的方向發展，但是我認為這項稅收是不必要的，並且希望未來不會進一步提高稅率。

2022 年對市場來說是充滿挑戰的一年，因為多個泡沫同時破滅，但這並沒有阻止企業們在當年宣布超過 1 兆美元的庫藏股。幾間「庫藏股之王」在充滿挑戰的市場中交出了差勁的財報，更讓人同意 Lazonick 等作者以及一般媒體對庫藏股的批評。儘管如此，這並沒有阻

止公司在 2023 年 1 月宣布實施價值超過 1,000 億美元的庫藏股計畫，其中光是雪佛龍（NYSE：CVX）、貝萊德（NYSE：BLK）和好市多 3 間公司就占了 840 億美元。

只要謹慎實施，在熟練的經營團隊手中，庫藏股可以成為絕佳的資本配置工具，對投資人而言同時也是值得關注的訊息。

⊚ 本章重點摘要

1. 當公司在股價高估時發行新股，而在股價低估時回購股票，長期來看可以為股東創造大量價值。

2. 公司可以透過公開市場買進、與投資銀行簽訂加速買回協定，或是公開收購來買回自家股份。有些公開收購包含零股條款，允許投資者在出售 100 股或以下的股票時被接受。

3. 公司買回自家股票通常是因為他們認為股價被低估，市場未能反映其真實價值，但在某些情況下，這種判斷可能會出錯。景氣循環產業的經營團隊常因股價看似便宜，且此時公司通常現金充裕，而在景氣高峰期買回股票。

4. 有時公司回購股票是為了抵消因股票激勵計畫造成的股本稀釋、提高每股盈餘數字，或向市場傳遞信號，投資者需要進行質化分析以了解回購背後的動機。

5. 找出內部人在公開市場上用自己的錢買進股票，同時在實施庫藏股的企業，有助於挖掘值得進一步研究的投資機會。

6. 「庫藏股之王」是指前一年買回自家股票最多的公司。

這些公司通常是股價營收比低於 2.5 倍的成長型企業，且股票回購金額超過其股息殖利率 2%。研究顯示，這些公司在 26 年的研究期間中，年化表現超過 S&P 500 指數 6.3%。

Event-Driven Strategies

Merger A...

Insi...

SPACs

Spinoffs

Management Changes

第 5 章

特殊目的
收購公司

SPACs

我在本書第 1 章談過我與「空白支票公司」的初次接觸，當時有 2 位企業家先向投資人募集資金，然後再尋找合適的公司進行收購。你可能還記得，他們最後花落奧勒岡州的尤金市，他們在那裡收購了 Jody Coyote 珠寶公司，兩人讓公司迅速成長，在 18 個月內將原本 1,200 間銷售珠寶的商店擴展到近 4,000 間。

特殊目的收購公司（Special Purpose Acquisition Company，SPAC）的成立是為了透過首次公開發行（IPO）來募集資金，目的是收購現有公司，不過他們一開始並不知道會是哪一間公司，募集的資金可以是私人或公開的，大多數情況下是公開資金。成立 SPAC 的過程為營運中的企業提供了一種更快、更簡單的掛牌上市方式，無需經歷漫長而昂貴的 IPO 過程。然而，無需大量審查即可上市的簡化流程也導致了一些問題，這部分我們將在後面討論。

尋找營運公司（時間非常重要）

參與 SPAC 公開上市的投資人，或是在 SPAC 開始交易後在公開市場上買進的投資人，他們將獲得 SPAC

的「單位」（units），通常價格為每單位 10 美元，這些單位包含普通股和認股權證，但在少數特定案例中，例如科斯拉創投收購公司 II（Khosla Ventures Acquisition Co. II，後來收購了社交網路公司 Nextdoor，NYSE：KIND），就不包括認股權證。這些「單位」在 IPO 後的第 52 天，會分拆為普通股和認股權證，分拆後，普通股和認股權證開始獨立交易。

由公司發行的認股權證（Warrant）是一種投資工具，允許持有人在未來以預定價格購買普通股，通常在幾年後到期。與之相比，買權（Call Option）是一種衍生性金融工具，在某些方面與認股權證相似，買權允許持有人在特定期間內以特定價格購買股票，但有效期間通常較短，僅幾週或幾個月。而那些到期日超過 1 年以上的買權被稱為「長期期權」（LEAPs，Long-Term Equity Anticipation Securities）[15]。

例如，如果你認為通用電氣（General Electric，NYSE: GE）在執行長拉里·卡爾普（Larry Culp）的領

---

15 編註：LEAPs 是一種美國市場常見的選擇權工具，由芝加哥期權交易所（CBOE）管理。在台灣，尚無直接與 LEAPs 完全對應的商品，投資人可透過開設美國證券交易帳戶進行投資。

導下會有良好表現，但需要幾年的時間來完成轉型，你可以購買價格100美元、到期日為3年後的LEAPs買權。

如果通用電氣的股價低於100美元，你不會行使該LEAPs，因為你可以在市場上以更低價格購買股票，但你將損失支付的權利金。假設你為該LEAPs支付了15美元的權利金，當通用電氣的股價超過115美元（100美元的行使價格加上15美元的權利金）時，該部位才會開始盈利（不考慮交易成本）。

LEAPs給予投資人更長的時間去驗證投資假設，例如卡爾普是否能重現他在前公司丹納赫（Danaher，NYSE：DHR）的成功。然而，大多數LEAPs的到期日最長僅為39個月，截至撰寫本文時，我發現通用電氣的LEAPs最長的到期日僅為21個月後。此外，作為一種選擇權，LEAPs的權利金通常較高，因為它允許持有人在無需承擔購買股票義務的情況下參與股票的潛在上漲。

相較之下，認股權證的期限可能更長，可能在5年、10年甚至15年後到期。

在宣布與一家營運公司完成合併交易後，投資人可以用投票的方式支持這筆交易，或者將其持有的股票以接近IPO價格（每股約10美元）加上一些額外收益贖回。

這筆額外的收益來自 SPAC 在尋找收購標的期間，IPO 籌得資金所累積的利息，認股權證則會繼續保持有效。

與傳統 IPO 的 6 個月禁售期相比，SPAC 內部人員的禁售期通常更長，為 12 個月。

SPAC 的結構不允許發起人從 IPO 募集的資金中提取管理費或其他形式的費用，因此 IPO 投資者通常能夠收回每單位 10 美元的投資金額，並額外獲得一些利息收益。如果像查瑪斯·帕利哈皮提亞（Chamath Palihapitiya）的社會資本（Social Capital）這樣的 SPAC 發起人，在規定期限內（通常為 12 ～ 24 個月）未能找到一家營運公司進行收購，他們必須將 IPO 募集的資金退還給投資者。

SPAC 套利和認股權證的潛在收益

這種策略的真正機會來自認股權證提供的選擇權性質，以及在宣布有吸引力的業務合併後，普通股可能出現的漲勢，你可以在 IPO 後並在拆分為股票和認股權證之前立即買進 SPAC 的單位。如果你不喜歡 SPAC 決定收購的業務，或是想要降低下跌的風險，可以在企業合

併投票期間將股票贖回，收回購買 SPAC 支付的 10 美元（外加一點利息），而且可以免費保留認股權證。

如果合併後的公司（通常稱為 de-SPAC）經營有成，這些認股權證在未來可能會有很高的價值，你可以行使認股權證，將其兌換為公司的股份，或是在公開市場上以更高的價格出售認股權證。SPAC 的發起人也能獲得可觀的優勢潛在收益，因為他們通常在與營運公司合併後，擁有合併公司 20% 的股份。

一些被認為「有吸引力」而導致初期股價飆升的企業合併例子，包括 Lucid Group（NASDAQ：LCID）、SoFi 科技（NASDAQ：SOFI）和 Virgin Galactic（NYSE：SPCE）。原本沉寂的資本市場在 2020 年進入了高速發展階段，有 242 起 SPAC 掛牌上市，相比 2019 年僅 26 起、2018 年僅 44 起。

2021 年對 SPAC 來說又是重要的一年，上市的數量和募集的金額都增加了 1 倍多。從 2020 年募集了 668 億美元、242 支 SPAC 上市，到 2021 年募集了 1,280 億美元、546 支 SPAC。但是 2021 年也是 SPAC 泡沫破裂的一年，美國證券交易委員會開始對 SPAC 合併案中投資者簡報裡的誇大預測進行更嚴格的審查。

圖 5-1：SPAC 數目以及上市規模		
年份	SPAC 數目	總上市規模（百萬美元）
2019	26	5,286
2020	242	66,800
2021	546	128,162
總計	814	200,249

資料來源：InsideArbitrage.com

　　SPAC 的暴增讓我想起了 2010 年代初期中國的反向併購（reverse merger）熱潮，當時空頭市場提供了非常好的機會，像 Muddy Waters 這樣的放空機構，因揭露某些透過反向併購上市公司的會計造假和欺詐行為而聲名大噪。他們在美國和加拿大尋找沒有可行商業模式的上市公司，股價和雞蛋水餃一樣低，基本上已被市場遺棄了，然後，中國私人公司透過反向併購與這些空殼上市公司合併，藉此快速地成為紐交所、納斯達克或其他交易所的上市公司，並披上了表面上的合法外衣。

　　在本章稍後，我們將用 2 個研究案例更詳細地介紹 de-SPAC 公司的表現，簡單來說就是這些公司多數在合併後表現不佳，這為投資人創造了另一個機會——放空合併後的公司。

在正常情況下，放空是一件困難的事，人們只需要閱讀大衛‧艾因宏（David Einhorn）的《空頭之王》（*Fooling Some of the People All of the Time: A Long Short Story*，無中譯版）就能理解這是一個多麼大的挑戰，近年來，放空變得更加困難，像 AMC 和 GameStop 這樣的動能股以及迷因股，讓僅存的幾位做空者也遭受重創。傳奇放空者吉姆‧查諾斯（Jim Chanos）之所以仍在市場中立足，是因為他所創立的 Kynikos Associates 公司同時經營著 190% 多頭部位和 90% 空頭部位，最終淨多頭曝險為 100% 的平衡資產組合。

放空低交易量的 SPAC 可能面臨挑戰，特別是在大量股票已被放空的情況下。在某些情況下，放空股票支付的借券費用可能很高，因此可能會吃掉放空股票的獲利。當這些公司需要公布財報時，就是見真章的時候了，在某些情況下，公司會完全放棄先前過度樂觀的預測。

案例研究 1：WeWork 合併後的泡沫

SPAC 為某些正在營運公司提供了一個上市的空殼，這些公司不想或在某些情況下無法進行標準的 IPO 程序。

IPO 過程包括向美國證券交易委員會提交一份名稱為 S-1 的申報表格、舉辦投資人說明會、會見潛在投資人、與投資銀行合作確定 IPO 的定價等。

S-1 是一個非常詳細的表格，有時可能長達數百頁，內容包含公司業務、財報、可能面臨的風險，以及公司為何想要透過 IPO 募集資金等大量資訊。奇怪的是，掛牌價格可能不會寫入原始申報表格中，而且在最終確定之前通常會修改好幾次。

WeWork 自稱為「彈性空間供應商」，該公司基本上將共用辦公空間出租給各種公司和企業使用。客戶可以選擇租用共享辦公空間中的專屬座位、可容納 1 至 5 人的私人辦公室、最多可容納 20 人的辦公室，或整層樓的私人空間。WeWork 的會員可以按月支付費用，也可以視需求付費使用服務，該公司還提供「全球通行證」（All-Access Pass）的服務，客戶支付更高的費用即可隨時使用世界各地任何一個 WeWork 辦公室。

WeWork 於 2019 年首次嘗試公開上市，為其早期投資人和員工提供流動性（將其持有的 WeWork 股票轉化為現金），並藉由公開市場獲得更多資金來為燒錢的業務提供資金。在向美國證券交易委員會提交初步保密

申請後，WeWork 於 2019 年 4 月提交的 S-1 申報表格長達 220 頁，其中好幾頁都是令人困惑的精美照片，照片中是一些表情極為愉快的人們，包括一個戴著亮黃色拳擊手套的男人和一個正在水肺潛水的人。文件中還包括數十頁的財務報表，其中有經過審計的財務報表，也有未經審計的財務報表，以及相關附註。

為了秉持其創新精神，WeWork 向金融界引入了一個新術語：「社區調整後的 EBITDA」[16]，該公司富有魅力和充滿雄心壯志的創始人亞當・紐曼（Adam Neumann）和他的妻子蕾蓓嘉（Rebekah）在提交 S-1 申報表格時創造了這句話，他們決定在沒有投資銀行幫助的情況下提交表格。根據公司披露，其 2018 年營收為 18 億美元，虧損 19 億美元。

先來了解一下什麼是 EBITDA。EBITDA 一詞雖然又臭又長，但卻是個很有用的指標，對於一些投資人來說，例如私募股權公司，他們希望查看公司在排除非現

---

16 編註：EBITDA 英文全名是：Earnings Before Interest,Taxes,Depreciation and Amortization，從字面上的意思直接翻譯就是「息前、稅前、折舊攤銷前盈餘」，是用來評估公司核心獲利能力的指標，它把跟公司營業沒有直接關係的利息、稅務、折舊和攤銷都刪除了。

金費用（例如折舊和攤銷）以及利息和稅金等因素影響後的公司盈餘。私募股權公司通常在收購後為其收購的公司背上大量債務，這可能會顯著改變收購後的利息和稅金費用。

奇怪的是，EBITDA 已經成為大多數投資人採用的關鍵指標，你會聽到比較多關於 EBITDA 的討論，而不是自由現金流的資訊，但是自由現金流才是企業主應該更關心的，畢竟，公司無法避免支付債務利息或盈餘稅金的事實。

巴菲特將自由現金流稱為業主盈餘（owner's earnings），將其視為在支付了所有業務開支以及為維持現有運營或未來成長所需的再投資後，最終存入銀行的現金。以下舉例說明自由現金流與淨利有何不同，假設一間公司需要建造一棟豪華的新辦公大樓，以容納快速增加的員工，如果這棟價值 4 億美元的建築是在 2022 年 1 年內建成的，那麼自由現金流就會對那一年造成影響，因為 2022 年將有 4 億美元從公司的銀行帳戶流出。

但是當公司公布其獲利時，淨利並未受到 4 億美元的影響。假設辦公樓的使用壽命為 40 年，該公司將把費用分攤到 40 年以上，每年記錄的費用為 1,000 萬美

元。這筆 1,000 萬美元的年度支出稱為折舊。顯然,這在 2022 年的淨利和自由現金流之間造成了巨大的差異,隔年這種差異仍將存在,但不會像 2022 年那麼明顯。

淨利和自由現金流之間存在差異很正常,但如果你發現年復一年的自由現金流始終且明顯低於淨利,那麼更深入地挖掘以了解是什麼導致這樣的差異,也許會是一個好主意。

為了給關注 EBITDA 而被誤導的投資人提供一點幫助,公司經營團隊開始引進「調整後的 EBITDA」,其中某些被視為一次性費用的項目被排除在計算之外。這麼做的原因是,這將使投資人能夠更準確地比較 2 個時期的業績表現,例如 2023 年第 4 季和 2022 年第 4 季。如果公司必須支付一次性費用,例如 2023 年第 4 季的訴訟大額和解金或特別稅務評估,那麼與前一年同期相比,可能會使該季的獲利看起來疲弱許多。進行調整以實現「相對公平的比較」(apples-to-apples comparison)就顯得有其必要性。

不幸的是,這種善意的調整變成了一個想要就拿去用的東西,一些經營團隊用它來排除各種費用,使得業績看起來比實際要好得多。一次性費用變得像時鐘般規

律地反覆出現，卻不斷被排除在外。

　　紐曼夫婦用他們的「社區調整後的 EBITDA」魔法，是要排除更多的費用，例如辦公室布置精美的開發與設計費用、行銷成本和其他基本費用，以得出正數盈餘，但若照按一般公認會計原則（GAAP）編製的損益表，將會顯示巨大虧損。GAAP 是美國遵循的一套標準化會計原則，公司需要提供解釋，說明其調整後的非公認會計原則數字，如何與一般公認會計原則數字進行調整，這些說明往往非常有參考價值。這種調整會寫在公司向美國證券交易委員會申報的季報（10-Q）或年報（10-K）的合併財務報表後面的註腳或附註中。

　　當投資人有機會了解 WeWork 的幕後運作後，金融媒體和推特的「金融推文」（fintwit）社群對這些令人震驚的細節議論紛紛，其中包括該公司向其創辦人支付了價值近 600 萬美元的股票，以從他手中買下「We」的商標權。這一事件引發了從書籍《We 狂熱》（*The Cult of We*，無中譯版）到 Apple TV+ 的《新創玩家》（*WeCrashed*）影集等多方面的討論與關注。

　　WeWork 必須取消其公開上市計畫，亞當·紐曼最終離開了公司。公司給紐曼的臨別禮物是一個超大額的

退出方案，包括價值 2.45 億美元的公司股票和 2 億美元現金。

　　將近 2 年後，在 SPAC 泡沫的高峰期，WeWork 透過合併到 BowX Acquisition Corp. 特殊目的收購公司再次上市，BowX 每單位持有者可以獲得 1 股普通股和三分之一張認股權證，認股權證允許單位持有人以 11.5 美元的價格買進普通股。需要注意的是，BowX 在 2020 年 8 月掛牌上市時，投資人並不知道 BowX 會選擇 WeWork 為其合併的營運公司。

　　兩間公司在 2021 年 10 月合併後，普通股開始以代碼 WE 交易，認股權證交易代碼為 WE.WT。該股最初的交易頗熱絡，第 1 週盤中交易價超過每股 14 美元。

　　2022 年 2 月，我在舊金山的 Salesforce 大樓見了幾位成功的連續創業者，該地點是 WeWork 辦公室，占據了舊金山市最高建築的 36、37 和 38 樓。舊金山灣大橋的景色非常令人驚嘆，難怪 WeWork 稱其為物業組合中「獨一無二」的地點。這些創業家為使用這個空間而支付的訂戶費用並不高，另一位主要在美國各地 WeWork 辦公室工作的朋友也是這家公司的忠實支持者，促使我深入研究這間公司。

在 Salesforce Tower 那次會議後不久，我開始去研究。我想要喜歡 WeWork，因為它提供的增值產品以及核心業務和附加服務具成長潛力，其可用空間的使用率僅 59%，還有很大的成長空間。此外，由於其提供服務的價格相對低廉，該公司可能具有一定能力的定價權。WeWork 還提供 Workplace by WeWork 的服務，這是一款供其他公司使用的空間管理軟體，用於優化辦公空間的利用效率。

　　但快速看了 WeWork 的損益表和資產負債表，我對這家公司可能轉虧為盈的希望就全都破滅了。公司的價值評估一度高達 500 億美元，但當我在 2022 年 2 月查看時，市值已大幅下跌到 44.2 億美元。市值只是公司故事的一部分，如果你將資產負債表上的 30 億美元淨負債納入考量，WeWork 的企業價值（Enterprise Value, EV）就是 74.2 億美元。

　　此外，由於公司承諾透過租賃合約，出租許多建築物中的使用空間，其租賃金額高達 184 億美元，使企業價值進一步增至 258.2 億美元。對於在一季內產生 6.61 億美元收入的公司來說，30 億美元的淨負債在可控的範圍內。可惜的是，不只是營收縮水，該公司公布的 2021

年第 3 季淨虧損 8.44 億美元。

轉虧為盈的事很少真實發生，尤其是一間公司的槓桿又開很大，實現的可能性更低。如果再加上一個虧損的業務，現金流出不斷增加、收入不斷減少，你看到的可能就是一場災難。

WeWork 的新任執行長是 General Growth Properties（GGP）地產公司前執行長山迪普・馬索拉尼（Sandeep Mathrani）。GGP 是一間經營房地產和購物中心的公司，在 2010 年馬索拉尼接手時，公司才剛申請破產保護，馬索拉尼改變了這間公司，最後在 2018 年將其出售給布魯克菲爾德資產合夥人（Brookfield Property Partners）。

我推測，新的執行長會對 WeWork 採用相同策略，申請破產讓股東的資產歸零，並重新談判債務和資本租賃。我在 2022 年 3 月的「特殊情況投資通訊」中寫了一篇關於該公司的文章，認為這是一個放空機會，當時該股的交易價格為 6.4 美元，之後，我在 2022 年 10 月 30 日以 2.76 美元的價格回補了投資組合中的部位。當我在 2023 年 3 月寫這篇文章時，股價剛跌到雞蛋水餃股的價格，收在 0.97 美元，市值縮水至只剩下 7.13 億美元。

WeWork 在與 SPAC 合併後的表現並非異常，事實上，這種情況司空見慣。在本章稍後，我們將討論 SPAC 這個群體如何為放空者提供了很多機會。

案例研究 2：Bowlero 上市後成功轉型

湯姆・雪能（Tom Shannon）於 1997 年以 3,000 美元現金和 200 萬美元的借款，買下紐約聯合廣場的一間保齡球館，從卑微的起點開始建構他的保齡球帝國。他改造保齡球館成為夜生活的去處，將公司轉虧為盈，從虧損 100 萬美元變成了世界上收入最高的保齡球館。他創立的公司在全美國現在擁有 320 多間保齡球館，並且在 2013 年收購其最大的競爭對手之一 AMF 保齡球中心（AMF Bowling Centers），拯救處於破產邊緣的 AMF。

這間公司現在的名稱是保齡樂（Bowlero，NYSE：BOWL），是全世界最大的保齡球館營運商。美國有超過 3,500 間獨立經營的保齡球館，這為 Bowlero 提供透過收購擴大其規模的機會，但這麼做也存在風險，因為公司透過滾動式收購實現增長的同時，也可能會承擔過

多的債務。

選擇透過一連串收購來推動成長的公司，被稱為滾動式收購公司（rollups），這類公司傾向於在市場高度分散、擁有許多小型公司或個體經營者的行業中展開收購。東岸的紐約大學衛生系統（New York University Health System）和西岸的史丹佛醫學（Stanford Medicine）就採用了類似的方法，在他們所在的地區買了一堆社區診所。

加拿大的威朗製藥（Valeant Pharmaceuticals），以及最近的生命立場醫學集團（Lifestance Health Group，NASDAQ：LFST）等公司，因為負債累累而拖累了公司股價。威朗製藥曾被指控欺詐罪，成為刑事調查對象，最後在新任執行長的領導下轉型，將公司更名為博士醫學公司（Bausch Health Companies，NYSE：BHC），並分拆了包括眼科護理公司博士倫（Bausch + Lomb，NYSE：BLCO）等部門。

簡而言之，透過承擔大量債務以推動成長的滾動式收購公司，給投資人留下了不好的印象。

再說回到 Bowlero，該公司選擇在 2021 年底與一間名為艾索斯收購公司（Isos Acquisition Corp）的特殊收

購目的公司合併上市。在 2021 年中宣布業務合併後，Isos 的股價幾乎沒有波動，但在合併完成後不久，該股從 10 美元左右開始下跌，到 2022 年 2 月初跌到 7 美元多一點。再之後，儘管市場充滿了挑戰，但該股上漲了 1 倍多，比起與 Isos 完成業務合併時上漲了超過 50%。

　　為什麼 Bowlero 公司上市的歷程與 WeWork 差異如此大？有幾個原因可以解釋，既包括公司本身特性的因素，也與總體經濟環境有關。2021 年和 2022 年，許多公司仍然允許員工在家工作，這表示對辦公空間或 WeWork 租賃的需求減少，辦公大樓的租賃環境不如疫情大流行前那麼強勁，我們可以從辦公室房地產投資信託（REITs）的急遽下跌中看到這一點。相較之下，從 2021 年中到 2022 全年，消費者大量恢復旅行和面對面的社交活動，在疫情大流行期間人們避免從事的保齡球等高接觸活動，再次成為常態。

　　2022 年 12 月有一個週末，當我們室內攀岩的計畫落空時，我和家人去了加州聖荷西的 Bowlero 球館。我看得出來為什麼這間公司會成功──球館很現代化、乾淨。雖然我們最後支付的費用比一般地區型保齡球館還要多，但價格差異並不足以讓我們不再去 Bowlero，卻

足以讓這間公司從其大型保齡球中心獲得利潤。

撇開有利的總體經濟優勢不談，Bowlero 在新冠肺炎爆發前的 3 年內，營收成長迅速，且在 2021 年上市時自由現金流為正。儘管 2022 年部分營收復甦的情況趨於穩定，但經營團隊似乎都專注於營運和資本配置，該公司在上市僅 4 個月後，就以每張 0.1 美元的價格贖回所有未行使的認股權證。

權證持有人在 2022 年 4 月有一個短期的時間來行使他們的權證，並以每股 11.5 的價格將其轉換為普通股。當 SPAC 單位拆分為普通股和認股權證時，免費獲得認股權證的 SPAC 投資人雖然賺了錢，但若未行使認股權證，便無法在 2022 年享受 Bowlero 股票上漲的全部收益。

認股權證提供的上漲潛力是吸引 SPAC 投資人的主要原因，但投資人一定要了解 SPAC 正在合併的營運公司是否為一家可行的企業，而不是虧損中的公司或一個對未來成功懷抱著白日夢的科學計畫。

⊕ SPAC 的潛在風險

2022 年初，我決定下載所有已完成企業合併的 SPAC 清單，看看它們在與營運公司合併後的表現。由於各類資產的泡沫以及可收購的優質非上市企業數目減少，我懷疑合併後的表現可能不好。然而，結果還是令我震驚——股價表現比我預期的還要差很多，我查看的 159 家完成併購的 SPAC，股價總共跌了超過 36%，其中只有 12 家出現正報酬，而且這結果還是在 2022 年市場大跌之前得出的。

羅斯‧葛林斯班（Ross Greenspan）寫了一篇關於 SPAC 的論文，題為〈空手套白狼，免費股票：SPAC 簡史〉（Money for Nothing, Shares for Free: A Brief History of the SPAC），他在論文中引用的一些研究引起了我的注意。[18] 該論文發現：「買進並持有第二代 SPAC，4 年下來平均報酬率是負 51.9%。」而正面來看，「一項關於第三代 SPAC 的研究發現，從 IPO 到合併前期間，平均年化報酬率為 9.3%。」

在一個很難找到超額報酬的市場中，SPAC 提供了很多投資機會，這也是我追蹤 SPAC 上市及企業合併的原因之一，我從 SPAC 企業合併的案件中尋找放空的機會。

我在 2023 年 3 月決定再次查看 SPAC 的表現，看看持續了將近 15 個月的熊市對這些公司產生了什麼樣

的影響。在我分析的 315 個企業合併案中，只有 25 個（8%）為正報酬，絕大多數案例都顯示為虧損，整體平均表現為虧損近 65%，中位數表現為虧損 78%。

差勁的績效、對 SPAC 的興趣減弱以及公司自身問題，有時會導致營運公司和 SPAC 取消合併，在這種情況下，如果 SPAC 決定不再追求其他收購目標，就會將資金退還給其股東。

在 InsideArbitrage 目前追蹤的 525 個 SPAC 業務合併中，有 48 個被終止。換句話說，略高於 9% 的交易告吹，這比例高於一般併購套利案例中的交易失敗率。

展望未來，我預估 SPAC 企業合併的數量將繼續下降，而真正完成的合併案例可能會集中於更具可行性的企業。這是因為美國證券交易委員會加強審查，更重要的是，投資人對那些僅存在於精心製作的簡報中的虛構公司已經不再感興趣。我計畫繼續追蹤這類公司，尋找像 WeWork 一樣可能成為極佳的放空投資機會。

1. SPAC 又稱為空白支票公司，允許個人或團體募集資金，目的是尋找一間未來可以合併的正在營運的公司。用風險投資家唐‧巴特勒（Don Butler）的話來說：「你可以這樣想，基本上 IPO 是公司在尋找資金，而 SPAC 則是資金在尋找公司。」

2. SPAC 首次公開發行的價格，通常是每單位 10 美元。這些單位在 52 天後拆分為 1 股及部分認股權證，例如，一些 SPAC 可能是每 3 個單位提供 1 張認股權證。

3. SPAC 通常有 2 年時間來尋找一間營運中的公司進行合併，如果 2 年內沒有找到這樣的公司，則應該將錢退還給投資人。

4. SPAC 可以使用兩種策略，其中一種被認為是金融市場上接近免費午餐的策略。找到一家營運公司後，SPAC 會進行股東投票，股東可以選擇投反對票，並取回他們的 10 美元，同時，他們可以保留認股權證。如果公司合併後表現良好，可以用預定價格轉換為股票的認股權證，將提供上漲的獲利空間。

5. 大多數 SPAC 在合併後通常表現不佳，這為放空投資

人提供了很多獲利的機會——只要借券放空的成本不
會太高就行。

NOTE

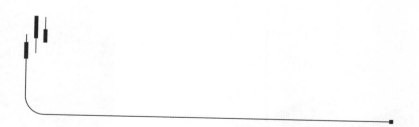

Event-Driven Strategies

Merger Arbitrage

Insider Tr...

Stoc...

Spinoffs

Management Changes

公司分拆

Spinoffs

分拆（Spinoffs）是企業生命週期的一部分。當企業處於成長階段時，通常依靠內部成長來壯大；而企業進入成長放緩期，自然成長減慢時，就會透過一連串的收購來實現成長。隨著企業進入成熟階段，就會開始分拆公司的各個部門——剝離這些部門，以成立新的、獨立的公司。在某些情況下，一家曾高調宣傳、預期能發揮綜效而被收購的公司，若多年後發現不再適合整個組織的發展，亦可能被分拆出去。

舉例來說，數據儲存公司敦陽科技（Veritas）在2005 年被賽門鐵克（Symactec）以 135 億美元收購，10 年後僅以 80 億美元的價格被分拆出來，賣給了一群私人投資者。

許多分拆案例非常成功，有些甚至超越了母公司的表現，舉例來說，PayPal 從母公司 eBay 分拆出來，以及如第 1 章所述，法拉利從飛雅特克萊斯勒（NYSE：STLA）分拆出來。

當公司最初從母公司分拆出來時，大型基金和其他機構經理人往往不想將分拆出來的公司股票保留在投資組合中，並傾向在短期內出售，其中一個原因可能是分拆不符合基金的要求。舉例來說，如果這是一檔大型基

金，只投資於市值超過 100 億美元的公司，那麼分拆後價值只有 15 億美元的公司就不符合該基金的標準，就會從基金的投資組合中被淘汰。

這會導致強制出售，而分拆公司的股價通常會下跌數週或數月。專注於分拆公司的投資人樂於趁機介入，買入一些被不公平低估的股票。這些分拆的公司往往表現良好，部分原因是均值回歸效應，但也是因為受益於新的、有動力的經營團隊，因為經營團隊現在可以自由地發展公司，將其帶往新的方向。

在喬爾·格林布拉特（Joel Greenblatt）的著作《你也可以成為股市天才》揭示了分拆的潛力後，更多投資人開始關注分拆公司，[19] 不久後，在他的書出版之前的「黑暗時期」——曾經存在的豐富投資機會大多消失了。儘管如此，由於華爾街缺乏耐心，如果你知道去哪裡尋找，分拆事件確實提供很好的投資機會。

公司分拆的 4 種類型

分拆可以分為 4 種類型：分拆（Spinoffs）、股權分拆（Split-offs）、分割上市（Carve-outs）與逆向莫

里斯信託（Reverse Morris Trusts）。

▪ 類型 1：分拆（Spinoff）

在分拆中，股東會獲得分拆的股份，就像領取特別股利一樣。2019 年，Wrangler 和 Lee 等品牌從其母公司 VF Corporation（NYSE：VFC）分拆，成立一間 Kontoor Brands（NYSE：KTB）公司，就是分拆的一個例子。

▪ 類型 2：股權分拆（Split-off）

股權分拆是指股東可以選擇將持有的母公司股票換成子公司股票，投資人可以選擇保留母公司或子公司的股份，但不能同時保留兩者。

▪ 類型 3：分割上市（Carve-out）

分割上市是指母公司透過 IPO 出售其子公司全部或部分股份的過程。煙燻辣椒墨西哥燒烤（Chipotle Mexican Grill，NYSE：CMG）從麥當勞（NYSE：MCD）分拆出來，就是一個分割上市的例子；2015 年 11 月，提供線上交友服務的 Match Group（NASDAQ：

MTCH）進行了 IPO，也是分割上市的例子。

此外，IAC [17] 在分割上市後保留了近 95% 的 A 類股權。兩間公司於 2020 年中完全分離，這是 IAC 成立 25 年來上規模最大的業務分離，過去 IAC 曾分拆過智遊網（Expedia，NASDAQ：EXPE）、售票公司 Ticketmaster 和 LendingTree（NASDAQ：TREE） 等公司。其中，在完全分離時，擁有包括 Tinder 在內多項業務的 Match Group 市值達到 300 億美元。

▪ 類型 4：逆向莫里斯信託（Reverse Morris Trust）

這是一種節稅的分拆方式，母公司分拆子公司的同時，將子公司與另一間公司合併。當製藥巨頭輝瑞（NYSE：PFE）想要分拆其名為普強（Upjohn）的學名藥業務時，便在 2020 年透過逆向莫里斯信託交易，將普強與上市的學名藥公司邁蘭（Mylan，腎上腺素注射筆 EpiPen 的製造商）合併，組成了一家名為暉致（Viatris，NASDAQ：VTRS）的公司。

---

17 編註：IAC 是一家以孵化和分拆多元化業務聞名的媒體與網路公司。

該選擇投資母公司或子公司？

雖然煙燻辣椒墨西哥燒烤成功從麥當勞分出，以及奧的斯（Otis Worldwide，NYSE：OTIS）成功脫離雷神科技公司（Raytheon Technologies，NYSE：RTX），但也有很多子公司分拆後的表現不佳。舉例來說，雖然 IAC 在收購公司、建立公司然後分拆公司方面有著悠久的歷史，但他們在最近的一次嘗試中遇到了挫折，影片共享平台 Vimeo 於 2021 年 5 月從 IAC 分拆出來後，仍繼續虧損了超過 90% 的價值。

一些分拆後子公司表現不佳的原因之一，在於母公司的資產負債表中有槓桿，經常讓分拆出去的子公司背負不成比例的高債務，這麼做減輕了母公司的負擔，有助於母公司公布強勁的盈收。

我也曾見過類似的情況，一家擁有超過 100 座購物中心的零售房地產投資信託（REIT），其中包括波多黎各幾個獲利情況不佳的購物中心，將其不受歡迎的資產分拆成一個獨立的 REIT，並將表現較佳的購物中心保留在自身資產組合中。

將部門分拆出去的公司，需要向美國證券交易委員

會提交一份 Form 10-12B 文件，文件包含母公司和分拆公司的重要資訊，以及分拆公司的財務預估報表（pro-forma financial statements）。此外，公司通常會分享投資人報告，這些報告有助於了解分拆公司的結構、主導分拆的經營團隊，以及分拆成為獨立公司的發展機會。

Form 10-12B 文件和投資人報告可以幫助投資人了解分拆的動機，並確定子公司或母公司是否提供了更好的投資機會。

接下來我們來看看 2 個研究案例，在不同情況下，該選擇母公司還是子公司的答案不一樣。

案例研究 1：輝瑞與普強 高負債分拆的挑戰

學名藥對消費者來說是一種福音，因為他們負擔不起仍受到專利保護的昂貴藥物，對人均收入低的新興市場經濟體的患者來說更是如此。2020 年印度全年人均收入為 1,663 美元，阿富汗和馬達加斯加等國的人均年收入更是低得多，分別為 475 美元和 382 美元。[20] 當這些人必須用不到 500 美元滿足他們一整年的所有需求時，就不可能拿得出數百美元購買昂貴藥物。此外，在已開

發國家領取固定收入的退休人士也發現，不斷上漲的藥品成本對他們的生活造成很大的負擔。

不幸的是，本應是消費者福音的學名藥卻變成了企業貪婪的工具，全球最大的學名藥製造商，例如梯瓦製藥公司 (Teva Pharmaceuticals) 和邁蘭 (Mylan)，互相勾結，將應該僅需幾美元就可以買到的藥品價格大幅抬高。

民眾和政府對這些公司的強烈反感在 2016 年達到高峰，原因是邁蘭對腎上腺素注射筆 EpiPen 等救命產品的價格調漲幅度驚人。當某人對某種特定物質（例如花生）嚴重過敏時，食用含有花生的食物會引發危及性命的休克性反應，他們的血壓下降、呼吸困難，使用 EpiPen 這樣的腎上腺素注射液，可以緩解這些症狀，挽救他們的性命，這是學校和有嚴重過敏症的人會隨時準備 EpiPen 備用的原因之一。

邁蘭使用多種策略，使競爭對手的產品無法在藥房上架，包括以祕密回扣賄賂藥局採購經理（PBM），透過其他專利相關和解中的有利條款向梯瓦製藥公司等競爭對手支付費用，讓其擱置 EpiPen 學名藥產品，並通過一系列排他性協議，使第三方競爭對手的產品無法上架銷售。[21]

邁蘭為其非法壟斷鋪平道路後，他們販售 EpiPen 的價格飆漲了 500%，從 2009 年 13.5 美元，到了 2016 年飆升到超過 608 美元，隨之而來的民眾怒火導致國會聽證會，邁蘭的執行長被傳喚到國會作證。

這場災難導致的訴訟於 2022 年以總計 6.09 億美元的金額達成和解，但 EpiPen 的情況並不是像邁蘭這樣的學名藥公司面臨的唯一問題。在價格操縱、推銷成癮性藥物等問題下，一連串訴訟的打擊，以及幾次不合時宜且昂貴的收購造成財務危機，許多公司的資產負債表上背負著大量債務，整個業務岌岌可危。在這些醜聞之後，邁蘭等公司的股票被拋售，他們的商業模式破裂，投資人也無法確定這些公司在訴訟中面臨的風險程度。

輝瑞透過反向莫里斯信託交易，將其學名藥部門普強與上市學名藥公司邁蘭合併，這是邁蘭與這些醜聞保持距離，並增強自身力量以求在訴訟中倖存下來的一種方式。我最初對這個分拆案感興趣是因為在普強併入之前，邁蘭的股票已經很便宜了。

隨著分拆的更多細節出現，我發現輝瑞打算讓普強在分拆時或分拆完成前發行 120 億美元債務，讓分拆出去的公司背上大量債務。這筆債務的收益將歸輝瑞所有，

而在分拆完成時，普強的未償債務總額達到驚人的 245 億美元，其中包括邁蘭資產負債表上的債務，以及普強為支付輝瑞公司而新增的債務。

雖然格林布拉特在他書中對承擔大量債務的槓桿分拆（leveraged spinoffs）持正面態度，但在經歷了 2001 ～ 2003 年及 2007 ～ 2009 年劇烈的熊市後，我有了不同看法。我認為槓桿是一項重大風險，特別是如果分拆出來的公司經濟狀況撐不住異常大量的債務時更是如此。債臺高築的公司破產的可能性相對比較高，尤其是當它們的命運與整體經濟和利率上升息息相關時，更是如此。

該分拆於 2020 年 11 月新冠肺炎疫情期間完成，而且正如預期，母公司與子公司的走向完全相反。在後來的 2 年內，輝瑞股價繼續上漲 34%，而由邁蘭和普強合併而成的子公司暉致股價則下跌了近 36%，如圖 6-1 所示，兩間公司的股價表現差異達 70%。

身為分拆事件的投資人，不只要了解分拆的具體情況，還要了解更廣泛的產業動態，看看是否有一些不易察覺的潛在因素。在輝瑞、普強、邁蘭的三角關係中，母公司輝瑞成為明顯的贏家。輝瑞與 BioNTech 達成協

定，共同開發一種高效的 mRNA 新冠疫苗。

　　輝瑞利用疫苗銷售的巨額獲利展開大規模收購，買下了幾間上市公司，以加強其藥物種類。基於這些發展，我決定將輝瑞加入我的投資組合中。錦上添花的是，輝瑞與多家處於研發階段的製藥公司達成收購協議，都成為了極佳的併購套利機會，這些交易在極短的時間內完

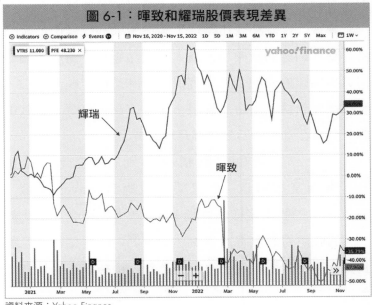

資料來源：Yahoo Finance

成，並提供了極具吸引力的利差。

案例研究 2：Biohaven 多策略結合的成功分拆

我想討論的第 2 個案例研究，其結果對分拆公司明顯更加有利，輝瑞同樣扮演了主角。正如我們剛才看到的，輝瑞利用新冠肺炎疫苗帶來的獲利，收購已獲得食品藥物管理局（FDA）批准藥物或產品有希望通過核准的生物技術和製藥公司。這些交易對所有參與方都有利——輝瑞收購的小公司獲得了輝瑞龐大的行銷與分銷網絡，輝瑞則透過新藥加入擴大其產品組合。由於輝瑞公司與各國政府密切合作以確保新冠肺炎疫苗順利推出，我推測監管機關不會試圖阻止這些交易，事實上，其中許多交易在宣布後不到 3 個月就完成了。

其中一次合併的結構很特別。2022 年 5 月 10 日，輝瑞宣布將以 116 億美元收購 Biohaven 藥廠，Biohaven 的股東將獲得每股 148.5 美元的現金，這比前一天的收盤價溢價將近 79%。股東們可能對這個消息感到非常興奮，所以他們沒有注意到，根據該交易條款，每持有 2 股 Biohaven 股票，他們還將在收購完成後獲

得新分拆公司（通稱為 SpinCo）的 1 股股份。

交易宣布後不久，Biohaven 的股價收於 141 美元，為套利者帶來每股 7.5 美元的獲利，報酬率為 5.32%。這筆交易在宣布後 143 天完成，為像我這樣的套利者提供了超過 13% 的年化報酬率。

雖然許多母公司讓分拆的子公司背負大額債務，但在這個案例中，新公司應該獲得 2.75 億美元的現金資金（扣除分拆公司已持有的任何證券或現金）。這筆交易更吸引人的是，分拆的子公司有權獲得某些核准產品銷售的分級權利金[18]，例如市場上主要的偏頭痛藥物 Nurtec ODT（rimegepant），以及正處於 FDA 批准中的產品，例如 Zavzpret（zavegepant）——一種治療急性偏頭痛的鼻噴霧劑。

公司必須向美國證券交易委員會提交一份當期報告（current report）或 8-K 文件，以公告公司可能影響股東的重大事件，且必須在事件發生後的 4 個工作日內提交。輝瑞公司向美國證券交易委員會提交的 8-K 文件中，

---

18 編註：分級權利金（Tiered Royalty）是指根據銷售收入分級距適用不同百分比的支付方式，收入越高適用比例越高，常見於專利授權或產品分成協議中。

概述權利金費用的具體條款如下：

「新成立公司將在分拆生效時間前立即收到公司提供的 2.75 億美元現金資金，但需扣除新成立公司持有的任何有價證券、現金和約當現金。此外，在生效時間之後，公司將就 rimegepant 和 zavegepant 在美國年淨營收額超過 52.5 億美元的部分，向新成立的公司支付約 10% 至 15% 的分級權利金，每年最高上限為 4 億美元，這些權利金支付適用於截至 2040 年 12 月 31 日或更早的會計年度。」

Nurtec ODT 在 2021 年全年營收為 4.625 億美元，其中 1.9 億美元的營收來自 2021 年第 4 季，比 2021 年第 3 季成長 40%。Nurtec 已獲批準用於偏頭痛的預防和急性發作治療，如果患者開始更頻繁地在預期偏頭痛發作時服用該藥，而非僅在發作時使用，其預防性用途可能會進一步推動藥物的採用。

輝瑞的行銷和分銷網絡將進一步促進 Nurtec 的銷售。儘管他們在行銷活動中聘請名人克蘿伊・卡戴珊（Khloe Kardashian）擔任代言人，但由於 2019 年偏頭痛相關藥物的全球營收僅為 18 億美元，要將 Nurtec 口溶錠和 zavegepant 的年銷售額從 7.6 億美元增加到超過

52.5 億美元，仍是一個遙不可及的目標。Zavegepant 在第 2 期和第 3 期臨床試驗中結果均呈陽性，Biohaven 正準備在 2022 年第 1 季向 FDA 提交新藥申請。

儘管新分拆公司（SpinCo）短期內從這些超高銷售目標中受益的可能性很低，但它為分拆公司增加了選擇性，除了來自輝瑞的 2 億 7,500 萬美元現金之外，新分拆公司還將從 Biohaven 得到其產品線相關的部分其他資產和負債。輝瑞希望保留所有與偏頭痛相關的藥物（包括已獲批准的和正在研發的藥物），並將其餘藥物轉移至新成立的分拆公司。

為了讓事情變得有趣一點（或者是為了讓我們困惑），新分拆公司決定在輝瑞交易完成後保留 Biohaven 這個名稱。Biohaven 的董事葛雷格里‧貝利（Gregory Bailey）在交易完成前幾週，以 148.04 美元的平均價格買進價值 563 萬美元的股份，事情開始變得非常有趣。這位董事顯然不是為了套利價差中剩下的 46 美分而買進，而是因為如果交易完成，股東將獲得分拆公司的免費股票。

「新的」Biohaven 以獨立公司身分上市的第一天，收盤價為 6.3 美元。在同一週，執行長弗拉德‧科里奇

（Vlad Coric）買進價值超過 500 萬美元的股票。董事會成員約翰‧柴爾茲（John Childs）也加入了他的行列，買進價值 246 萬美元的股票。

在分拆後的數週內，該公司迅速通過以每股 10.5 美元的價格進行第二次公開發行，籌集了 3.02 億美元的額外資金（扣除相關費用前）。內部人再次買進這次發行的股票，柴爾茲買進價值 4,100 萬美元的股票，科里奇則買了 900 萬美元的股票。從圖 6-2 中可以看出，其他 3 名董事也購買了股票，執行長在 2022 年 10 月 25 日二

圖 6-2：Biohaven 內部人買進資料					
業主	關係	日期	交易	成本	
Coric Vlad	執行長	2022/10/31	買進	15.97	
Coric Vlad	執行長	2022/10/28	買進	14.82	
Coric Vlad	執行長	2022/10/28	買進	14.87	
Bailey Gregory	董事	2022/10/25	買進	10.5	
Coric Vlad	執行長	2022/10/25	買進	10.5	
CHILDS JOHN W	董事	2022/10/25	買進	10.5	
Buten Matthew	財務長	2022/10/25	買進	10.5	
GREGORY JULIA P	董事	2022/10/25	買進	10.5	

資料來源：InsideArbitrage.com

次發行完成後繼續買進。

我在 2023 年 2 月撰寫文章時，這個小型分拆公司的股價已經漲了近 142%。這是獨特的案例，我在這事件中看到我追蹤的 3 種不同策略：併購套利、分拆和內部人交易，結合在一起帶來了獲利非常不錯的機會。

為什麼分拆會有效用？

在上一節中，我們討論了 2 個案例研究，其中第 1

股份	價值	總值	Form 4 文件申報
25,800	411,995	1,543,394	2022/11/1
100,000	1,482,420	109,565	2022/10/31
41,930	623,352	1,517,594	2022/10/31
200,000	2,100,000	1,507,971	2022/10/26
853,380	8,960,490	1,475,664	2022/10/26
3,900,000	40,950,000	5,691,251	2022/10/26
142,857	1,499,999	166,653	2022/10/26
9,523	99,992	25,665	2022/10/26

個案例中，母公司是更好的選擇，而第 2 個案例中分拆公司則表現更佳。除了前面提到的基金強制拋售之外，分拆還有什麼其他原因會產生作用？

我要再次用電影《賽道狂人》中的一個場景，解釋為什麼分拆會有用。

利曼 24 小時耐力賽在法國利曼鎮（Le Mans）附近舉行，這不只是一場先到先贏的普通比賽，而是一場持續整整 24 小時的嚴酷盛事，這是一場對人類和機器耐力的考驗，因為兩者都被推到了極限。第一屆比賽在前一個世紀的 1923 年舉行，對於想要證明自己製造的汽車不僅速度快而且很可靠的汽車商來說，贏得比賽被認為是一種榮譽的象徵。

當飛雅特在與福特的交易談判破裂後收購法拉利時，傳奇賽車製造商卡羅爾‧謝爾比（Carroll Shelby）說服福特執行長亨利‧福特二世，製造一款參加利曼比賽且可以擊敗法拉利的汽車。謝爾比的賽車生涯包括在阿斯頓馬丁（Aston Martin）、瑪莎拉蒂（Maserati）和法拉利贏得多場比賽，他還駕駛阿斯頓馬丁贏得了 1959 年的利曼冠軍，被選為 1956 年和 1957 年《運動畫刊》（Sports Illustrated）雜誌的年度最佳車手。

在謝爾比的協助下，福特製造了 GT40 超級跑車，並在 1966 年至 1969 年期間連續 4 年贏得利曼冠軍，結束了法拉利稱霸利曼的地位。然而，福特在 1965 年首次參加比賽時，事情並不那麼順利，雖然福特沿著穆桑大直道（Mulsanne Straight）跑出了每小時 218 英里（超過每小時 350 公里）的行駛速度，但許多環節出了問題，最終他們沒有贏得比賽，然後我又要說回到《賽道狂人》的場景，卡羅爾・謝爾比（麥特・戴蒙飾演）走進福特執行長辦公室的那一刻。

　　卡羅爾・謝爾比堅持要完全控制福特的賽車計畫，不受公司經營團隊的干預。他向一位非常沮喪的福特執行長解釋，當他坐在福特非常豪華的接待室等待時，他看到一個紅色檔案夾在被送到亨利・福特二世手中前，已經過了 4 次傳遞。他接著解釋說，這可能還不包括在檔案夾到達 19 樓之前，可能有 22 名福特員工對其進行的「檢查」。他總結說，你無法靠公司委員會贏得比賽。

　　不受福特官僚束縛的謝爾比覺得自己有機會贏得利曼賽，將福特推向賽車界的頂峰。有了對的汽車和對的車手他就能夠獲勝，但也帶來了不幸的悲慘後果，至於是什麼後果，你必須自己看電影才會知道了。

這就是分拆的魅力與吸引力。脫離企業巨頭的束縛，並擁有充足的資源（或電池的續航力）後，在最初的強制拋售結束後，這些公司的表現可以大幅超越市場。這不只是推測或零散的數據，幾十年來許多學術研究顯示，分拆後的子公司績效優於大盤。

哈佛大學教授 Bruno Sergi 和 James Owers 在 2021 年的一項研究中，發表了一篇〈分拆如何持續推動企業重組與財富創造：10 年間新增 1,000 億美元價值〉的論文，研究了 2007 ～ 2017 年間美國上市公司宣布的 249 起分拆案例，發現這些新公司增加了 1,000 億美元的價值。[22]

他們特別指出：「近期分拆公司所產生的異常報酬率與早期研究的結果相當，顯示出這些分拆在統計上依然具有顯著性，並且反映了新的經濟價值評估標準。」

他們論文中一個最重要的部分，是指出分拆相關的一些效應依然存在，這些效應最初是由 Hite and Owers 及 Schipper and Smith 在 1989 年的奠基性論文中被討論。[23], [24]

他們接著指出：「我們的實證分析發現，Owers（1982）在 40 年前首次提出的優秀價值創造型分拆特

徵，時隔至今，仍然在近期的分拆案例中得以延續，尤其是在此類重組數量大幅增加的情況下。分拆公告帶來的初期市場效應，以及吸引人的除息超額報酬，依然顯著存在。」

當我深入研究其中的一些論文時，很明顯，還有其他方法可以從分拆中獲得價值，這些方法超出了我們許多從業者所關注的分拆表現。超越市場表現的潛力展現在以下 4 個方面：

1. 母公司股價回升

分拆前後，母公司股價的表現值得關注。Sergi 和 Owers 在他們所做的研究顯示，在某些情況下，母公司股價在分拆後會完全漲回來。換言之，分拆對母公司的股東來說幾乎可以被視為毫無損失。

2. 母公司的表現

可以將分拆視為一種特別股利（special dividend）。當一支交易價格為 10 美元的股票，宣布配發每股 2 美元的特別股利時，投資者可以合理預期，在除息日之後，股票價格將下跌 2 美元至 8 美元。然而，根據 Sergi 和

Owers 的研究以及其他學術文獻顯示，平均而言，母公司在分拆部門後，其股價平均跌幅通常小於該分拆部門的實際價值。

母公司股價表現優異的另一個來源是長期回報。當母公司分拆出一個表現較差的部門，並讓分拆公司承擔大量債務時，正如我們在輝瑞、普強和邁蘭的案例中所見，情況尤為明顯。

3. 分拆公司的長期報酬

第 3 個超越市場表現的來源來自分拆公司（spinoff）的長期回報，特別是在初期強迫賣壓消退之後。

4. 母公司或子公司收購

第 4 個超越市場表現的來源是母公司或分拆出去的子公司成為潛在的收購目標。在某些情況下，母公司分拆部門是為了使自己成為一個有吸引力的收購標的。

雖然有潛力超越大盤，但近年來投資分拆公司變得很有挑戰性。彭博美國分拆指數（Bloomberg U.S. Spin-off Index，現稱 S&P U.S. Spin-off Index）在 2019 年之前確實超越標普 500 指數，但是在 2020 年和 2021 年疫

情期間，情況發生了變化。疫情期間科技股表現異常強勁，使得分拆指數難以超越 S&P 500，特別是考慮到資訊科技是 S&P 500 中最大的板塊。

隨著泡沫逐步消退，我們可能會開始看到分拆後的子公司或其母公司的表現優於整體市場。

每種策略都有適合的時機，投資者可能已經忘記了 Patrick J. Cusatis 等人在其 1993 年發表的論文〈透過分拆進行重組：股市證據〉（Restructuring through spinoffs: The stock market evidence）中得出的結論，也就是分拆後子公司的優異表現是出現在他們成為上市公司的第 2 年，第 1 年會遭遇投資人不明就理拋售。[25] 這與新經營團隊接手公司後的預期情況相符，扭轉一艘大船需要時間，船越大，所需的時間越長，我們會在下一章討論管理層變動時進行更詳細的說明。

分拆和分類加總估值法（SOTP）

里奇・豪伊（Rich Howe）在很年經的時候就對投資產生了興趣，他的父母都從事投資工作，這對他很有幫助。他父親是一名大型價值股投資組合經理人，他

向父親學習，並在高中和大學期間對投資保持興趣。他的職業生涯始於美國歷史最悠久的投資公司之一——Eaton Vance 的股票研究部門，後來還獲得了特許金融分析師（CFA）的頭銜。與許多特殊事件投資界的人一樣，他受到喬爾·格林布拉特的啟發，並決定自己創業，成立了 Stock Spinoffs Investing 投資網站，這是一個以介紹分拆為主的網站。

我密切關注里奇的工作好幾年了，而且很欣賞他對每個分拆事件所投入的時間，他對每一筆分拆投入的時間可能高達 40 小時。我聯絡他以了解他在分析分拆的子公司時，他認為最重要的 3 個考量因素：

第一，營收和盈餘的歷史成長。換句話說，他在尋找的是基本面穩健的公司，並且傾向避免長期虧損的公司，除非是短線交易。這與我的經驗一致：在母公司表現不佳的經營團隊，接手子公司後往往繼續表現不佳，如果你逐季追蹤他們的財測，就會發現這種公司未達市場預期是一種規律的常態。

其次，債務成本。他不介意公司有一些債務，但傾向避免在高利率環境下承擔大量債務的分拆公司。我們都曾在 2008 ～ 2009 年的大衰退和金融危機期間進行投

資，因此我們不喜歡資產負債表中槓桿偏高的公司，這與格林布拉特不同，格林布拉特認為槓桿有助於放大報酬率。對於在合適的利率環境、報酬率遠高於資金成本的公司來說，資產負債表開槓桿可能會有效，但對多數公司來說並不適用。

第三，他還喜歡將焦點放在公司的競爭地位。分拆公司是否是其所屬產業的市場龍頭？ 2016 年 1 月法拉利從飛雅特克萊斯勒分拆出來，就是一個很好的例子，法拉利品牌知名度非常高，盈利能力強且營收持續增長。然而，與許多分拆公司相似，法拉利分拆成為獨立公司的第 1 年表現並不理想。

與 Cusatis 論文的結論不同，里奇的方法是確認分拆公司流通股是否有至少 50% 已完成交易。[26] 他發現，當 40% ～ 60% 的股票被交易後股價會觸底，而這通常需要大約 7 ～ 8 個交易日的時間。你可以在公司分拆前，向美國證券交易委員會提交的 Form 10 文件中查到在外流通股總數，以及在提供每日交易資訊的各種金融網站找到每日交易量。

里奇最近最喜歡的一項投資是一個分類加總估值法（sum-of-the-parts，SOTP）的案例。SOTP 投資是指

一家公司擁有多個業務或部門，而且這些業務的綜合估值超過了市場給予該公司的總市值。

舉例來說，雅虎（Yahoo!）不僅一度在美國經營多個垂直領域的業務，例如雅虎財經、體育等，還持有中國電子商務巨頭阿里巴巴和雅虎日本的大量股份。雅虎日本是軟銀（SoftBank）和雅虎的合資企業，在東京證券交易所上市，當時，這些股份的價值，加上雅虎營運業務的保守估值，總和一度超過了市場對雅虎的整體評價。

里奇喜歡的 SOTP 案例就是我們之前討論過的 IAC 公司。他在 2023 年 3 月初對 IAC 股票價值的評估約為每股 85 美元，而當時該股的交易價格僅 50 美元出頭，若市場能重新評估企業綜合折價（Conglomerate Discount）[19]，縮小估值差距，則具有超過 55% 的上漲空間。

早在 1980 年代，企業綜合折價是投資人的最愛，當時企業開始瘋狂收購，將各種不同業務納入共同的企業

---

19 編註：企業綜合體折價（Conglomerate Discount）指市場對企業綜合的估值低於其各獨立業務或資產的總和，原因包括管理效率低、業務複雜性高及缺乏協同效應，導致投資者壓低其估值。

架構。舉例來說，巴菲特的波克夏海瑟威公司就是一家企業綜合體，既持有上市公司的股份，也擁有許多間非上市企業的股份——從傢俱零售商到住宅建築商都有。

雖然波克夏的業務涉及保險、運輸等多個行業，但並未因此被低估，因為這些業務產生的資金都流向了母公司，而巴菲特和蒙格很擅長決定這些錢應該再投資在哪些地方。換句話說，他們是卓越的資本配置者。對於1990年代的企業集團來說，情況並非如此，許多企業集團承擔了高利率債務來推動他們的併購狂潮，隨著市場意識到這些業務之間缺乏綜效，且這些企業的管理者並非出色的資本配置者，多數公司的股價開始跌到低於其基礎業務的價值，因此出現了「企業折價」這個說法。

在 SOTP 案件中，分拆可以釋放價值。曾有一段時間，投資人對 SOTP 的情況很著迷，他們分析一家多元化企業或控股公司旗下各業務的價值，並判斷這些業務的總和是否顯著高於整體公司價值。換句話說，問題在於：這些業務是否因為存在一個共同的母公司而被低估？如果是，有沒有方法可以充分發揮其完整的潛力？

現在很少聽到有 SOTP 機會的討論，因為很難找到市值低於其組成業務價值的公司，更重要的是，缺乏明

確的觸發因素來縮小這種折價並實現價值。

　　控股公司實現子公司潛在價值的一種方式就是分拆。分拆出來的子公司作為獨立的交易實體，可以擺脫企業集團折價的束縛，並且在激勵機制的經營團隊領導下，可以加速成長，打造有意義的東西。

圖 6-3：Cannae 分類加總（SOTP）估值					
公司	當前持股比例	初始投資年份	投資成本	總公平價值	
Dun & Bradstreet	88.3M 股（~20% 持股）	2019	1,062.8	1546.6	
Ceridian	8.0M 股（~5% 持股）	2007	48.5	546.9	
Alight	52.5M 股（~10% 持股）	2021	440.5	522.1	
SYSTEM	28.4M 股（~26% 持股）+1.2M 認股權證	2022	248.3	413.7	
Paysafe	59.8M 股（~8% 持股）+8.1M 認股權證	2021	519	209.9	
Sightline	~33% 持股權益	2021	272	272	
AmeriLife	~20% 持股權益	2020	121.3	121.3	
其他投資與調整後淨現金	各種股權投資	多樣	166	166	
合計			2,878.4	3,798.5	

資料來源：Cannae 投資人報告
說明：
1. 表格中數值單位為百萬美元（Million），每股價值除外。
2. Cannae 股價截至 2022 年 3 月 31 日為 23.92 美元，較內在價值每股折價 42%。

未扣除任何費用或稅款

像 IAC 和 Cannae Holdings（NYSE：CNNE） 這樣擅長收購公司的企業，在某些情況下，會將公司合併在一起，然後再分拆為獨立的實體。

在分類加總估值法中，計算各部門價值需要時間，也需要一定程度的猜測，即使你建構模型來評估公司

每股 公平價值	扣除費用與稅後的 公平價值	扣除費用與稅後的 每股公平價值	淨投資資本 回報倍數
18.21	1,375.6	16.2	1.3x
6.44	417.7	4.92	8.6x
6.15	496.1	5.84	1.1x
4.87	359.5	4.23	1.4x
2.44	274.8	3.21	0.5x
3.2	272	3.2	1.0x
1.43	121.3	1.43	1.0x
1.95	166	1.95	1.0x
44.69	3,483	40.98	1.2x

扣除相關費用和
稅款後的淨值

內各個業務或部門的價值也是如此。像 Cannae 這樣的公司有時會讓這個過程變得比較輕鬆，這間公司不只在 2022 年 2 月的投資人報告中概述其持有的 SOTP 估值，而且在 2022 年 3 月 31 日提供的更新報告中，顯示了這間公司的股價比其資產淨值（NAV）令人驚訝地低了 42%，如圖 6-3 所示。

密切關注 SOTP 的情況，有助於事件投資人了解可能正在籌備中的分拆類型，以及公司在分拆之前的歷史。

內部人買進的分拆案例

關注內部人士的行為不僅是分析公司的好建議，這對於分拆案例尤為重要。

格林布拉特說內部人交易是分拆事件投資中最重要的環節。雖然他指的是內部人和新經營團隊如何透過認股權或限制性股票單位（restricted stock unit，RSU）獲得激勵，但公司上市後，追蹤內部人的行為也很重要。

正如我們第 3 章中討論的，公司內部人士必須在買進或賣出後 2 個工作日內，向美國證券交易委員會提交 Form 4 文件。我在 InsideArbitrage 記錄所有即將到來

和已完成的分拆公司清單，並追蹤分拆後子公司和母公司的股價表現。一個重要的觀察點是，分拆後的子公司內部人是否在公開市場上用自己的錢買進股票，為此，我創建了一個名為「分拆內部人」（Spinsider）的篩選器。

本章的第 2 個研究案例 Biohaven 就被我列入 Spinsider 篩選器中，英特爾分拆的 Mobileye 也是，Mobileye 是英特爾於 2017 年收購的自動駕駛技術公司，然後在 2022 年分拆出來。

🔍 公司分拆的潛在風險

分拆後的子公司整體而言已被證明表現會超越整體市場，但也不是每個分拆後的子公司都可能表現良好──即使內部人在公開市場上買進。

豪華房地產公司 Douglas Elliman（NYSE：DOUG）在 2021 年底從 Vector Group（NYSE：VGR）分拆出來後，我寫過好幾次關於該公司內部人買進的文章。該股分拆後上市首日，收盤價超過每股 12 美元，內部人一直等到跌破 6 美元後才開始買進。由於當時股市已經開始下跌，而且聯準會正在升息以控制通膨，所以房地產的總體環境並不佳，尤其是豪宅房地產。這間公司不只

在 2022 年前 2 季未達到財測預期，而且在下半年開始虧損，2023 年仍繼續虧損，到了 2023 年 8 月，股價只略高於 2 美元，遠低於執行長、財務長和營運長的買進價格。

分拆公司面臨的另一個挑戰是掌握正確的投資時機。1990 年代歐爾斯的論文提出，如果你在公司分拆成獨立公司後的第 2 年買進，可能會獲得不錯的投資績效，因為基金的強制拋售在此時都已經結束了，但自那篇論文發表以來，交易股票已變得更加便捷且成本更低，論文中建議的時間框架已經縮短。

里奇·豪伊的方法是等到 50% 的在外流通股數交易完畢，再進行投資；而其他採用這一策略並進行量化分析的投資者則認為，分拆後 6 個月是理想的投資時機。

每個分拆案例都是獨一無二的，深入研究它們以了解其細節是值得的。有時候投資於分拆後的子公司比較好，而有時候則是母公司更具吸引力，我兩者都投資過，有時甚至會在分拆之前改變主意，因為那時有更多資訊可參考。

1. 公司分拆部門或業務有各種原因，包括賦予內部經營團隊獨立營運和發展業務的權力。有時候，公司也會拆出較弱的部門，並讓分拆後的子公司背負債務，使母公司在分拆後變得更強大。

2. 由於基金強制出售，分拆後的子公司往往在短期內表現不佳。投資人通常有他們遵循的投資風格或規則，可能分拆公司不適合他們，或部位的規模可能太小，以至於他們無法繼續持有分拆後子公司的股票。

3. 長遠來說，分拆後子公司的表現會超越大盤，一些研究顯示，在分拆之前買進母公司可能是好事，因為分拆後母公司的股價會反彈，等於是讓你免費獲得分拆後的子公司。

4. 閱讀公司向美國證券交易委員會提交的 Form 10 文件以及投資人報告，是了解母公司和分拆後子公司很好的資訊來源，查看這些資訊將有助於你判斷應該投資於母公司還是子公司。

5. 關注分拆公司的內部人士，了解他們如何透過認股權或限制性股票單位（RSUs）的激勵，以及他們在子公

司成為獨立公司開始交易後，是否用自己的資金在公開市場上買進更多股票。

NOTE

Event-Driven Strategies

Merger Arbitrage

Insider Transactions

Stock Buy...

SPAC

Management Changes

第 7 章

經營團隊變動

Management Changes

巴菲特曾以經典語錄點出經營團隊面臨的挑戰:「當一個以能力著稱的經營團隊接手一家眾所皆知經濟狀況不佳的企業時,最終保留下來的,往往是這家企業的聲譽。」[20] 他進一步說:「找到可以投資和令資本成長的優秀企業很困難,找到出色的經營團隊更是難上加難。」

　　也正因如此,巴菲特在 1999 年致波克夏股東信中指出:「事實上,當我們擁有傑出經營團隊的傑出企業股份時,我們偏好的持有期限是永遠。」[(27)]

　　2010 年底時,我準備添購適合的洗衣機和烘乾機,經過一番研究,我選擇了百思買(Best Buy,NYSE:BBY)的洗烘衣機。讓我感到意外的是,百思買在商品選擇和價格上的綜合表現居然會脫穎而出,對於這家以銷售電子商品聞名的大型零售商來說,家用大型電器並非其核心業務,但它在這一領域的表現出乎我預料。

　　過去 10 年來,大型電子產品零售商已經大幅減少,大量消費者在實體店面查看產品,然後在亞馬遜網站下訂單。2008 ～ 2009 年的大衰退,敲響了一些零售商的喪鐘。百思買的主要競爭對手電路城(Circuit

---

20 譯註:巴菲特言下之意是,優秀管理者的名聲會被差勁的企業拖累。

City）於 2009 年宣布破產，而幾年來一直蹣跚前進的 RadioShack 也於 2015 年宣布破產。

在百思買付款時，我和收銀員聊了一下，並詢問他店裡的生意如何。奇怪的是，他說生意很不錯。我回家看了一下這支股票，當時的價格約為每股 40 美元，但我不想買一間很難與網路電商競爭的實體零售商。短期來看，不投資百思買的決定是正確的，因為這支股票在接下來 2 年持續下跌，然後在 2012 年底跌破 12 美元才止跌。

我應該繼續留意百思買才對，因為該公司在接下來的 9 年成功地實現了令人振奮的轉型。負責主導這場改革的是修柏特・喬利（Hubert Joly），他被《哈佛商業評論》評為全球百大執行長之一，並被《巴倫週刊》評選為全球三十大執行長之一。

喬利在百思買任職期間，百思買的股價從每股 12 美元左右漲到每股逾 120 美元，用彼得・林區的話來說就是「十倍股」。然而，正如我們將在本章後面討論的，股價並不是衡量管理績效的最佳指標，但無論你選擇哪個指標——營收、淨利、獲利率、股東權益報酬率（ROE），全都在他於百思買任期內上升。

喬利是如何在競爭激烈的零售電子產品領域實現這場轉型呢？尤其是他面對實體店面基礎建設這個難以解決的問題？

他在自己的著作《企業初心：未來企業的新領導準則》中概述他的管理哲學，他還在接受巴里・里索茨（Barry Ritholtz）的 Masters in Business 播客採訪中談到了相關內容。[28]

亞馬遜執行長貝佐斯（Jeff Bezos）對喬利和他的書是這麼說的：「在修柏特・喬利的領導下，百思買的轉變令人驚嘆——堪稱一個值得全球商學院研究並教授的經典案例。他大膽且深思熟慮，有很多值得我們學習的地方。」並不是每天都會看到一間公司主要競爭對手的執行長公開表達他的肯定。

喬利的職業生涯始於法國，他在全球管理諮詢公司麥肯錫工作了 13 年，協助企業解決問題。更重要的是，他還花時間向接受他建議的企業執行長學習。他在為各行各業的經營團隊提供建議的同時，也得到了寶貴的學習機會，並且還能從中獲得薪水。

身為投資人，你可能聽說過一句話：你應該關注過程而不是結果。如果你的過程良好，並且隨著時間仍不

斷改進，結果自然會水到渠成。喬利也有類似的哲學，他認為企業的目的不是為了賺錢，金錢只是一間公司經營得當產生的結果。他進一步闡述了企業必須達成的3大要務：

1. 人員要務：建立對的團隊並激勵員工；
2. 業務要務：為顧客與合作夥伴打造出色的產品和服務；
3. 財務要務：為所有利益相關者創造財富。

卓越的財務取決於在商業上追求卓越，而商業上的卓越又有賴於以人為本的核心理念。雖然管理哲學非常重要且值得推崇，但喬利究竟採取了哪些措施，才能實現如此卓越的成果呢？

知道自己的問題是成功的一半。喬利發現，消費者會花時間在百思買商店試用各種產品、與店員交談，然後回家以較低的價格在亞馬遜網站下訂單。他如何解決這個問題呢？他授權第一線員工，在客戶仍在店內時，當場降價至亞馬遜的價格，以確保產品賣出。

大多數大型組織都很龐雜，在成本方面總是有改進

的餘地，喬利從組織中削減了 20 億美元的成本，將這一點轉化為自己的優勢。然後，他繼續實施成長和創新方案，例如在一次晚宴中說服三星執行長，在百思買商店開設 1,000 間三星門市，隨後，惠普和 Google 等其他製造商紛紛仿效。他卓越的說服能力和聲譽甚至強大到，亞馬遜在 2018 年時授予百思買在店裡銷售 Fire TV 平台的獨家權利。

喬利於 2019 年辭去百思買執行長一職，並繼續為新任執行長和董事會提供建議 2 年。他現在任教於哈佛商學院，並任職嬌生公司和雷夫羅倫（Ralph Lauren）的董事會。

經營團隊的巨大影響

執行長或經營團隊對企業營運有巨大影響，這一點再怎麼強調都不為過。看到一間苦苦掙扎的公司敗部復活非常鼓舞人心，但需要轉型的公司通常以無法成功而聞名。當你將優秀的經營團隊與實力雄厚的企業結合時，奇蹟才會真正開始發生。

蘋果、微軟、好市多和丹納赫公司（Danaher，

NYSE：DHR）是由傑出團隊所管理的卓越企業的例子。但沒有什麼是永遠不變的，改變是唯一的不變。丹納赫這個名稱源自於蒙大拿州一條河流的支流，於 1984 年以製造業起家，多年來，該公司透過一連串的收購和資產分拆實現了轉型，成為一間生命科學和診斷公司。丹納赫在創業初期採用日本的經營哲學「改善」（Kaizen）──即持續改進，並將其轉變為自己獨特的「丹納赫商業系統」（Danaher Business System，DBS）。

雖然對公司來說，卓越的營運制度對公司的成功有很大幫助，但說到底，推動結果的是人。就像一個國家的領導人一樣，執行長及其團隊對公司未來發展方向有著巨大的影響。丹納赫現任執行長雷納・布萊爾（Rainer Blair）在疫情最嚴重的時候接任職位時，已經在公司工作了十多年，而現任財務長麥特・麥克格魯（Matt McGrew）在 2019 年 1 月上任前，在公司工作的時間甚至更長。

該公司擁有令人稱羨的逾 60% 毛利率，淨利率接近 23%，營收從 2017 年的 155.2 億美元增加到 2022 年的 314.7 億美元，增加了 1 倍多。這種成功很大程度上也可以歸因於丹納赫的前任執行長賴瑞・卡爾普（Larry

Culp），他在通用電氣（GE）推動了類似的轉型，我們將在本章後面的案例研究中討論。

投資人關注的指標很多，但基於某種原因，公司的經營團隊並沒有得到應有的關注。造成這種情況的其中一個原因，可能是難以將成果直接歸功於某個經營團隊，正如貝佐斯曾說的，亞馬遜任何一個業績表現優異的季度成果，都是在 3 年前就已經奠定，不管任何時候，他都在為 3 年後要實現的目標而努力。

上市公司執行長的平均任期中位數不到 4 年，財務長的任期甚至更短，只有 3.5 年，所以投資人很難認定成功或慘敗的結果是誰造成的 [29]，投資人通常轉而依賴反映管理效率的指標，包括淨利率、投入資本報酬率（ROIC）或股東權益報酬率（ROE）。

在少數情況下，當你發現自己投資於一家卓越企業且擁有出色的經營團隊時，追蹤經營團隊的任何變化以及高層人士異動原因，就變得非常重要。

創辦人掌舵的重要價值

我喜歡關注那些仍然是由創辦人掌舵的公司。開辦

一間公司非常困難，擴大業務規模甚至更難，繼續領導公司直到成為上市公司，則是一項非常罕見的成就。這就是為什麼你會發現，即使一間企業非常成功，很少在幾年後仍由創辦人持續掌舵的原因之一。

少數仍然留在領導崗位的創辦人，必須不斷地自我革新，而其中大多數都已成為家喻戶曉的名字，例如比爾蓋茲、貝佐斯、賈伯斯、戴爾、祖克柏、莫爾蒂和馬雲，還有一些人雖然仍然擔任執行長，但不像祖克柏這些人那麼廣為人知，包括 1989 年在自家車庫創立醫療設備公司麥斯莫（Masimo，NASDAQ：MASI）的喬·基亞尼（Joe Kiani），還有 2008 年創辦 Twilio（NASDAQ：TWLO）的傑夫·勞森（Jeff Lawson）。

當這些創辦人在公開市場上買進自家公司股票時，我都會特別注意，因為他們與公司有著很深的淵源，而且他們大部分淨資產都與公司有關。當創辦人決定辭職或被迫離開時，我會更加注意，例如 1985 年時賈伯斯被逐出蘋果。

如果你的投資決策有一部分取決於領導公司的創辦人，那麼當創辦人離開時，你就需要重新審視這個投資決策。巴菲特的名言再次浮現在腦海中，他說：「你應

該投資一間連傻瓜也能經營的公司，因為總有一天會有一個傻瓜來經營它。」

雖然這句話很有道理，企業品質確實非常重要，但是在日益激烈的世界中，經營團隊可能會對你的投資結果產生巨大影響，尤其是由創辦人領導的團隊。

新經營團隊在前公司的表現

經營團隊必須每 3 個月向投資人提交一份成績單，也就是在發布季報或年報時。無論這是不是公平的標準，執行長或財務長的任期，都是根據他們領導公司期間的股價表現來判斷的。

當我在大衰退前不久讀到巴頓・比格斯的《刺蝟學》（*Hedgehogging*，無中譯版）時，讓我特別難忘的一件事是，股票短期波動很大程度上是由心理因素驅動的，而不是公司的內在價值。我早已經知道，恐懼和貪婪是短期股票走勢和非理性市場的幕後推手，令我驚訝的是，比格斯認為投資者心理對短期波動的影響竟然如此之大。

在任何時候，我們都可以合理地假設，有三分之二到四分之三的股價波動是由這些情緒所驅動的，我閱讀

每本書時，會從書中尋找 2、3 個關鍵收穫，而這一點對我來說是一個很大的收穫，它深植於我的記憶，至今已超過 15 年，我已將這個洞見內化在我的投資過程中。

長期來看，判斷一間公司的股票價格時，內在價值終究會勝過市場情緒，以股價表現作為衡量標準，往往會因市場情緒的變化而失準，不能用來準確衡量經營團隊的表現。在沒有可靠標準的情況下，投資人可以有哪些替代方法呢？

長期來看，一家公司的內在價值最終會超越市場情緒，成為決定其股價的主要因素。然而，我們可以參考各種指標，包括營收的自然成長、每股獲利成長、資產負債表的穩健程度等，但是需要特別關注的指標是股東權益報酬率和資產報酬率（ROA）。

▪ 關注指標 1：股東權益報酬率

股東權益報酬率的計算方式是將淨利除以股東權益，你可以在公司的損益表上找到任何一年的淨利，這些數據通常來自宣布全年績效的新聞稿，或是公司必須向證券交易管理委員會提交的 10K 年度報告。

你可以在公司的資產負債表上找到股東權益，將總

資產減去總負債就是股東權益。換句話說，當公司利用現有資源（如現金、存貨、應收帳款等）償還所有債務後，剩下的就是股東權益。

股東權益報酬率可能因產業而異，與軟體公司等輕資產產業相比，擁有大量房地產的重資產公司（例如工廠）的股東權益報酬率可能較低。舉例來說，沃爾瑪的股東權益報酬率為 14.6%，而微軟的股東權益報酬率是令人驚豔的 39.31%，因此，在查看股東權益報酬率時，你可以比較同一產業的公司。

零售業的每個人都知道，好市多是一間經營良好的零售商，公司目前股東權益報酬率 29.47% 就反映了這一點，相較之下，像柯爾百貨（Kohl's，NYSE：KSS）這類零售業者的股東權益報酬率是 12.25%，而連鎖藥妝店來德愛（Rite Aid，NYSE：RAD）的股東權益報酬率為負，因為公司沒有賺錢。

當我要使用篩選工具尋找潛在投資機會時，通常會優先關注那些股東權益報酬率為 15% 或更高的公司。

使用股東權益報酬率當作經營團隊效益指標的侷限在於，不可預見的事件可能導致淨利逐年波動，這可能會使股東權益報酬率在某時期看起來偏低或偏高，觀察

股東權益報酬率的變動並了解導致變化的根本因素，有助於消除這種限制。

▪ 關注指標 2：資產報酬率

資產報酬率的功能與股東權益報酬率非常相似，但資產報酬率不是將公司的淨利除以股東權益，而是除以公司的資產總額，但是因為有非常多企業屬於輕資產，我覺得資本報酬率並不像股東權益報酬率那麼有用。

像萬豪（Marriott）和希爾頓（Hilton）這樣的連鎖飯店，因為它們授權自己的品牌，而非持有實體酒店，屬於輕資產企業；百勝餐飲集團（Yum! Brands）是一間擁有必勝客、肯德基、塔可鐘（Taco Bell）和哈比漢堡（Habit Burger Grill）等品牌的公司，其全球超過155個國家的55,000家餐廳中，接近98%為加盟經營，所以它也是一間輕資產企業。

當新任執行長加入一間公司時，通常會引發很多期望和興奮。期望和興奮雖然在日常生活中是有益的，但是對投資來說卻非常危險，因為當你對某些結果抱有希望，意味你的投資可能正處於困境中。相比之下，建立在當前現實基礎上的期望，或經過深思熟慮後的規劃所

建立的預期，則是截然不同的情況。

評估新經營團隊的一個良好框架是檢視他們在前一家公司的表現（如果該資訊是公開的），你可以看到那段時間公司是否營收成長、擴大利潤率、有效地分配資本，以及是否取得可觀的股東權益報酬率。

薪酬過高還是應得回報？

近年來有非常多關於高階經理人薪酬過高的討論。執行長的總薪酬有時可能是公司員工中位數收入的數百倍，在某些情況下甚至是數千倍（是的，好幾千）。

高階經理人的高薪酬是否合理？在某些情況下，答案是肯定的。最接近的類比是精英運動員，他們在短暫的運動生涯中獲得數千萬美元甚至數億美元的報酬。

就像那些運動員，這些高階經理人在職業生涯中花費大量時間磨練成功所需的技能；他們在工作上投入很長的時間，遠高於一般員工；也如同運動員一般，他們需要足夠的耐力、精神和毅力來應對工作中的種種挑戰。這些工作非常損耗精神，過勞是非常普遍的。在領導一間公司時，你沒有太多的試錯機會，所以在某些情況下，

這些高階經理人的職業生涯可能相對短暫。

這樣的高階經理人屈指可數，而且人們期望他們有近乎完美無瑕的表現，並展現卓越的活力和高瞻遠矚的能力。

可惜的是，現實情況往往大不相同。由經營團隊任命、沒有考慮到股東最佳利益的董事會成員，再加上經常由執行長邀請的薪酬顧問，導致「高水平」的薪酬演變為「過度膨脹」。如果你正在考慮投資一間公司，請花一點時間從證券交易委員會網站上查看其委託書，並且特別要查的是名為「摘要薪酬表」（Summary Compensation Table）的部分。

根據美國證券交易委員會的說法：「摘要薪酬表是美國證券交易委員會要求披露高階經理人薪酬的基礎，該表提供了公司高階經理人薪酬的完整概覽，列出過去 3 個會計年度，支付給公司執行長、財務長和其他 3 名薪酬最高的高階經理人的總薪酬。在摘要薪酬表之後是其他表格和披露文件，詳細說明上一個完整會計年度薪酬組成更具體的資訊，內容包括授予認股權證和股票增值權、長期獎勵方案、退休金方案，以及雇用合約及相關安排等資訊。」

股票授予或獎勵通常會在幾年內發放。以 Google 為例，發放期間是 3 年，其中三分之一的股票授予是在第 1 年後發放，其餘每 3 個月發放一次。授予的股票價值也會根據公司股票的市價變化而上升或下降。

上述投資人來說，有 2 件事值得學習：

1. 一定要確認消息來源（在本例中就是向證券交易委員會申報的文件）並驗證相關資訊，尤其是在數據中看到異常時。
2. 花時間閱讀申報資料的附註或其他相關資訊，以深入了解更多內情。

你在公司委託書中可以找到另一項可能有用的資訊，那就是薪酬比率。從 2018 年開始，美國證券交易委員會要求以 2017 年 1 月 1 日為其財政年度起始日的公司，要披露薪酬比率，讓投資者對此有初步了解。

薪酬比率的計算方法是將執行長的薪酬除以員工的薪酬中位數，舉例來說，如果一位執行長在 2018 年的總薪酬為 1,000 萬美元，而該公司的中位數員工收入為 10 萬美元，那麼薪酬比率就是 100 倍。以英特爾（Intel）

來說，執行長派特・基辛格的薪酬是英特爾員工薪酬中位數（10 萬 4,400 美元）的 1,711 倍。

在 Joshua White 等人的一篇論文〈粉飾執行長薪酬比率披露〉（Spinning the CEO Pay Ratio Disclosure）中，作者討論薪酬比率非常高的公司，試圖以正面的角度來扭曲這件事，以免公開資訊影響員工士氣。[30] 他們發現：「在第 2 年，薪酬比率高的公司可能藉由改變中位數薪資員工的選擇方式，以降低其公布的薪酬比率。」

有些公司意識到誇張的薪酬結構可能帶來的問題，但他們不是透過調整執行長的薪酬來解決問題，而是利用某種敘事方式來美化與員工的關係，或是選擇另一個薪資中位數員工來改變這個比率。

高薪酬比率公司的影響並非微不足道，因為那篇論文的作者們發現：「薪酬比率較高的公司，其員工對執行長績效的評價會降低，對自身薪酬的滿意度也會減少，尤其是當公布的比率出乎意料地高時更是如此，這些公司的員工生產力提升上表現較差，尤其是在員工可能直接影響業績的產業中，例如經常要與客戶互動的產業。」

身為投資人，我們想要得到答案的關鍵問題是：這些薪酬是否都能帶來卓越的股價表現？整體來說，答案

是否定的。

　　經濟政策研究所（Economic Policy Institute）在2021年進行的一項研究發現，從1978年到2020年，頂尖執行長的薪酬增加了1,322%，成長速度比同時期股市快60%，也比普通員工薪資成長的18%還要高得多。[31] 我特別欣賞這項研究的架構——他們根據通貨膨脹調整薪酬，更重要的是，他們專注於「已實現」的薪酬。已實現薪酬計算的是股票獎勵在歸屬時和股票期權在套現時的價值，而非授予時的帳面價值。

　　從1978年到2000年，授予的薪酬和實現的薪酬走勢基本一致，然而，在此之後，這種相關性開始瓦解。由於近年來執行長的薪酬轉為從股票獎勵中分出大一部分，而不是保證給予現金薪酬，所以相關性不再是有道理的，因為與20世紀相比，本世紀的牛市和熊市對執行長薪酬的影響更為顯著。

　　既然我們已經了解如何找到高階經理人薪酬的資訊，以及薪酬增長如何遠高於股票市場整體報酬率，那麼我們是否可以從薪酬過高或過低的公司中，推導出一些結論呢？換句話說，如果在你的投資組合中發現一些公司給他們高階經理人薪酬非常慷慨，你需要採取任何行動嗎？

MSCI 發表了一篇研究論文，該研究公司分析了 2006～2015 年期間，423 家公司 10 年內執行長實現的總薪酬與 10 年內股東總回報之間的關係。[32] 他們發現：股權獎勵排名最後五分之一的公司，10 年累計回報平均表現比最高五分之一的公司高出近 39%。

高薪酬不僅沒有轉化為更好的績效，高薪酬對公司績效的影響恰恰與薪酬顧問和執行長試圖傳達的觀點背道而馳——支付給執行長薪酬最少的公司，績效比支付最多薪酬的公司高出 39%。

他們將執行長薪酬最慷慨的公司表現不佳歸咎於短期績效評估、接班規劃不足、美國證券交易委員會規定的年度報告標準，以及過度依賴與股價相關的績效指標。正如本章前面所討論的，股價並不是衡量經營團隊績效的好標準，我們必須查看其他指標，包括長期股東權益報酬率，以更全面地了解經營團隊的表現。

案例研究 1：Qualtrics 高薪酬結構的企業挑戰

2022 年 4 月時我在研究一間名為 Qualtrics International（NASDAQ：XM）的公司，該公司於

2021 年透過首次公開發行新股，從德國軟體巨頭 SAP 分拆出來。

Qualtrics International 透 過 體 驗 管 理 作 業 系 統（XMos）幫助企業衡量客戶滿意度，目前超過 1 萬 6,000 個品牌和《財富》100 大企業的 75% 公司使用 Qualtrics 的 XMos。

Qualtrics 透 過 貝 恩 公 司（Bain & Company） 於 2003 年開發的淨推薦值（Net Promoter Score，NPS） 的單一問題標準化[21] 調查來衡量客戶滿意度。你可能看過這項調查，因為它通常在客戶與各類型企業互動後呈現給客戶，問題核心是詢問你向朋友和同事推薦該公司產品或服務的可能性有多大。

回答選項的範圍從 0 到 10，根據分數將客戶分為 3 類種：

1. 推薦者：評分 9 或 10 分的客戶，他們很可能會向其他人推薦這間公司。

---

21 編註：指調查僅包含一個核心問題，並且該問題採用了統一的格式和評分標準。

2. 被動者：評分 7 或 8 分的客戶，他們不太可能向其他人推薦這間公司，但可能會繼續使用公司提供的產品或服務。
3. 貶低者：這些人對公司提供的產品、服務或價值不是特別滿意，他們給出了 0 至 6 分的評分。

　　計算 NPS 的方式是，先排除 7 或 8 分的回應（被動者），然後用支持者的百分比減去貶低者的百分比。如果受訪者都是推薦者，最後會得到總分 100 分，表示每個人都滿意；如果所有受訪者都是貶低者，那麼總分為負 100，並且可能會觸發組織內部的一連串緊急會議，以了解問題並迅速採取行動解決問題。如果所有回應都是中立者，那麼總分就會是 0。因此，大多數公司的 NPS 分數可能在負 100 到 100 之間。

　　一些上市公司已經開始公布他們的 NPS 分數，投資人將高 NPS 分數視為衡量公司品質的一項指標。我曾在一間位於舊金山市的公司工作，該公司就是採用 NPS 系統，我們收到的回饋提供許多有價值的見解。留意 NPS 系統得到的回饋，有助於公司持續改進來提升業務表現。

　　再回來說到 Qualtrics，這間公司的業務就是協助公

司採用 NPS 系統並擷取其中的觀點，我在他們 2021 年的現金流量表上注意到一些值得留意的事情。

該公司公布，儘管營收成長 42% 至 10.8 億美元，但 2021 年淨虧損為 10.6 億美元。更引人注意的是，股票薪酬正好是 10.6 億美元。換句話說，如果 2021 年公司沒有向員工支付 10.6 億美元的認股權證和限制性股票，就可以達到損益平衡。

顯然，這是一種非常簡化的想法，高績效員工除了基本薪資和其他福利外，往往還需要獲得股票補償。員工的股票薪酬越高，他們的利益與公司股東的利益就越一致，但是在 Qualtrics 的案例中，這種做法顯然被發揮到了極致。

在寫了一篇關於 Qualtrics 及其股票薪酬的文章近 1 年後，我讀到一份 Equilar 200 大執行長薪酬研究報告 [22]，這份報告列出了 2021 年總薪酬最高的美國上市公司執行長名單。[(33)]

排名第一的是廣告公司 The Trade Desk 的創辦人兼

---

22 譯註：提供高階經理人薪酬基準和追蹤工具，該公司為企業、非營利組織、機構、投資人、媒體和律師事務所提供管理工具。

執行長，總薪酬高達 8.35 億美元。創辦人和早期投資人的大部分淨資產都與公司股票有關，所以他們的利益與股東的利益密切相關。第 2 名是 Qualtrics 的執行長齊格・瑟拉芬（Zig Serafin），總薪酬超過 4,000 萬美元，而該公司在 2021 年的現金流量表中公布的股票薪酬中，有一半以上都是給執行長，超過 5 億美元，準確地說是 5 億 4,051 萬 3,050 美元。

Qualtrics 的股東表現如何？公司最初被分拆時，股票上市價是每股 30 美元，第一個交易日收盤價為 45.5 美元，幾天後開始下跌，2021 年最一個交易日的收盤價為 35.4 美元。2022 年科技泡沫破滅後，股價在當年 11 月觸底，收在 9.65 美元。

2023 年 3 月，私募股權公司銀湖（SilverLake）和加拿大退休金方案投資委員會（CPP Investments）以全現金收購方式，將 Qualtrics 的故事畫下句點。該交易金額為 125 億美元，相當於每股 18.15 美元，較當時股價溢價 73%。

在公司被收購的情況下，管理層的認股權和股票授予通常會提前歸屬，並在交易完成時轉化為現金或等值的支付。例如，原本需要數年才能完全歸屬的認股權或

限制性股票單位（RSUs），會因收購的特殊條件而立即歸屬，成為管理層的資產。這意味著管理層能夠在交易完成時立即兌現這些股票。

然而，參與 IPO 的投資人以及公司上市後的所有投資人，都未能從這次交易中獲得回報，當我查閱 Qualtrics 和其他幾間公司的委託書時，我發現之前引用的 Equilar 200 研究在計算總薪酬上有一個缺陷。

它把股票授予的全部價值計入授予當年，而不是分攤至整個歸屬期間。舉例來說，Google 執行長桑達爾・皮查伊（Sundar Pichai）在 2019 年獲得了價值近 2.73 億美元的股票授予，另外還有 65 萬美元的基本薪資和 336 萬美元的其他薪酬，這使他當年的總薪酬為 2 億 8,062 萬美元。他在 2020 年和 2021 年沒有獲得額外的股票授予，因此沒有被列入 Equilar 2021 年薪酬最高執行長清單。

Qualtrics 並不是 2021 年薪酬最高的 200 位執行長名單中唯一引人注目的公司。榜單中第 10 名的是英特爾（NASDAQ：INTC）執行長基辛格，他的總薪酬為 1.79 億美元。

基辛格在 2021 年 2 月重返英特爾擔任執行長，這

對公司來說是一線希望，由於來自 AMD 和 Nvidia 的競爭，英特爾核心業務一直步履蹣跚。基辛格自 2012 年以來一直擔任伺服器虛擬化公司 VMware 的執行長，更重要的是，他之前在英特爾工作過 30 年，擔任過各種職務，最終成為技術長，是他負責推動 USB 和 Wi-Fi 等技術的開發，而且他是初代 80486 處理器的設計師。

在基辛格領導下，英特爾的表現如何？在他擔任執行長的最初 2 年，英特爾股票腰斬，而同期那斯達克指數跌幅為 18%。雖然扭轉像英特爾這樣規模的公司需要時間，但我們應該在第 2 年開始看到改變的綠芽。

如前所述，使用股價來衡量經營績效可能不是最好的方法，比較好的衡量標準應該是股東權益報酬率，英特爾的淨利從 2021 年的 198.7 億美元大幅縮水至 2022 年的 80.1 億美元，股東權益報酬率降至 7.9%，該公司將股利刪減了 65%。

英特爾的命運未來可能會發生變化，正如下一個案例研究中所討論的，有時可能需要幾年的時間才能扭轉一間大型企業的局面。在撰寫此文時，英特爾的表現還沒有定論，投資者需要拭目以待，看看基辛格能否像蘇姿丰一樣，後者在 2014 年被英特爾的死敵 AMD 任命

為執行長，並且幫助公司轉型成功。

案例研究 2：通用電氣 持續精簡與轉型的典範

通用電氣（NYSE：GE）成立於 19 世紀，一個多世紀以來一直是創新和企業領導力的典範。該公司是管理人才的搖籃，超過 12 位前通用電氣管理層成員曾擔任像 Albertson's 和 Home Depot 等大型上市公司的領導職位。

2000 年網路泡沫破滅，也意味著通用電氣困境的開始，包括多次財務業績重述[23]、美國證券交易委員會對公司會計作業的調查、資產負債表上超過 2,000 億美元的負債，以及股價的崩跌。此外，執行長傑夫·伊梅爾特（Jeff Immelt）讓一架空的商務噴射機緊隨其專機，以備專機出現機械故障的新聞，讓公司聲譽進一步惡化。

2008 年，通用的金融部門瀕臨倒閉，是巴菲特投資了 30 億美元，才避免了一場大規模危機。2020 年，通用與全球所有其他企業一樣，再次受到新冠肺炎疫情的打擊，許多業務都遭受重創，尤其是航空業。經過近 20

---

23 編註：指公司因為會計錯誤或政策調整，重新修訂先前的財務報表，這通常會影響投資者對公司的信任。

年的管理不善，到了 2020 年時，投資人已經對這家華爾街最具聲望之一的股票失去信心。

卡爾普於 2018 年 4 月加入通用董事會，並於 2018 年 10 月成為該公司執行長，他成功地將公司轉虧為盈。我常說，轉型雖然充滿機會，但成功案例卻很少。公司規模越大、問題越深，轉型所需的時間就越長，而通用的問題可說非常嚴重。

在通用任命卡爾普後，一開始股價飆升，但接下來的 2 個月下跌了 40% 以上。一度看起來他接手的挑戰超出了能力範圍，然而，在卡爾普領導下，通用逐漸將總負債減少了超過 900 億美元，並專注於重整核心業務。他開始出售包括照明和生物製藥業務在內的部門，並在 2019 年初透過與西屋制動（Wabtec）的合併將通用運輸業務分拆出去。

卡爾普不僅以通用轉型成功而聞名，也因他對丹納赫的轉型而廣受讚譽。他於 1990 年加入丹納赫，並在 2000 ～ 2014 年擔任執行長，在職期間，卡爾普將公司的市值和營收提高了 5 倍，並透過超過 220 億美元的收購，將丹納赫打造為一家龐大的綜合企業。

收購和分拆都是通用過去多次採用的策略，但在卡

爾普領導下，該公司一直專注於縮編，尤其是透過分拆不同的業務部門來實現這一目標。

分拆的慣用策略是讓分拆出去的子公司背負大量債務，通用一直遵循這個模式，讓分拆的子公司（包括通用醫療保健公司）背負龐大的負債。我在 2023 年底撰寫本文時，通用的轉型已大致完成，資產負債表上幾乎沒有淨負債，僅剩下一項計畫中的分拆。通用打算在 2024 年分拆其電力與再生能源業務，留下一間專注於航空業的精簡公司。

通用的經營團隊和投資人看到了隧道盡頭的曙光，包括卡爾普在內的 4 位內部人於 2022 年 5 月在公開市場上買進股票，在我撰寫本文時，通用在過去 1 年來上漲了超過 100%，大幅超越標普 500 指數。

卡爾普在丹納赫公司長期出色的表現，向通用投資人發出了一個訊號：通用很有可能轉虧為盈，但需要時間讓這艘大船轉向，尤其是當它受到像新冠肺炎這樣的風暴襲擊時。此外，內部人的買入行為以及資產負債表健康狀況的改善，也是指向光明未來的其他跡象。

ⓘ 經營團隊變動的潛在風險

　　本章討論的 2 個案例研究顯示，在不同執行長的領導下，兩間公司的結果形成了強烈對比。追蹤執行長在前公司的表現、查看薪酬是否過高，以及觀察突然的人事異動，有助於勾勒出一間公司在經營團隊經歷更迭後可能的潛在表現。然而，僅憑這些因素仍然不足以全面評估。

　　梅 麗 莎 · 梅 爾（Marissa Mayer） 是 2012 ～ 2017 年擔任雅虎（Yahoo!）執行長的明星級人物，她是一位被寄予厚望、受命轉型公司的典型例子。梅爾曾是 Google 的高階經理人，她在 1999 年從史丹佛大學獲得學士和碩士學位後，成為這間公司的第 20 名員工。她受過良好的教育、才能出眾，曾參與過許多項 Google 產品，這些為公司帶來了可觀的收入，例如 Adwords 和 Google Maps，並主導了多項收購案。

　　2012 年上任時，很難想像她在不到 3 年後會面臨幾間避險基金要求更換她的聲浪。她在 2013 年主導以 11 億美元收購 Tumblr 的交易，而 Tumblr 卻在 2019 年被雅虎以 300 萬美元的價格出售；她還將雅虎持有的部分中國電子商務巨頭阿里巴巴的寶貴股份，賣回給阿里巴巴，用她自己的話說，這筆交易侵蝕了「數百億美元的上漲空間」。[(34)]。此外，當她在 2017 年同意卸任執

行長時，公司廣告收入已大幅減少——這就是差勁的企業遇到了良好的管理者，結果企業沒有倒閉，但管理者名聲卻被拖累的案例。

如果新任執行長在前一間公司的績效紀錄不足以作為投資人的參考，什麼才是？正如我在關於內部人交易、實施庫藏股和分拆等章節中所討論的，答案是更加深入、綜合多方面資訊進行分析，包括內部人士是用自己的錢買股票，還是在快速兌現慷慨的股票薪酬，公司的財務狀況是否反映了執行長的樂觀情緒，以及公司是否執行最佳的資本配置策略，無論是經過深思熟慮的收購還是分拆部門。

蜜雪兒‧萊德（Michelle Leder）是一名財經記者，也是《金融細則：揭示公司的真正價值》（*Financial Fine Print: Uncovering a Company's True Value*，無中譯本）一書的作者。[35] 在早期投資經歷虧損後（就像我一樣），她開始深入挖掘美國證券交易委員會申報文件的附註以獲得見解。正如她在書中概述，美國證券交易委員會前主席曾經說過：「太多公司希望你不要閱讀附註，這本身就足以成為深入研究它們的動力。」

從美國證券交易委員會申報文件中的細節或附註中獲取資訊，例如公司的年報（10K）和季報（10Q），結合 8-K [24] 中的資訊，可以幫助你在財經媒體或電視報導公司出問題之前就發現。從某一季到下一季的附註細

微變化，或是文件中「風險因素」部分的用詞變化，都可能警告投資人公司正面臨破產風險。

密切關注申報資料，發現的資訊不一定總是壞的，某些情況下，可以顯示公司可能是被收購的標的。

我特別關注的 8-K 中的「項目 5.02」（Item 5.02），內容是宣布公司經營團隊成員離職、董事選舉、新任高階經理人任命以及部分經營團隊成員的薪酬情況。舉例來說，當 Netflix 的創辦人里德·海斯汀（Reed Hastings）決定辭去共同執行長一職時，公司在 2023 年 1 月 19 日提交給證券交易委員會的 8-K 檔中說明了以下內容：

「項目 5.02：董事或某些高階經理人離任；董事選舉；任命某些高階經理人；某些高階主管的補償安排。」

2023 年 1 月 13 日，海斯汀被任命為公司董事會執行主席，且立即生效。當時，海斯汀辭去了公司共同執行長兼總裁的職務，但仍是公司的員工，擔任執行主席的新職務。同樣在 2023 年 1 月 13 日，52 歲的葛瑞格·彼得斯（Greg Peters）獲任命為公司的共同執行

---

24 編註：8-K 是美國上市公司需要提交的一種即時報告，用於披露可能影響投資者決策的重要事件，例如高層變動、收購、合併、重大財務變化或法律訴訟結果等。

長，與泰德・薩蘭鐸斯（Ted Sarandos）共同擔任此職務。此外，彼得斯被任命為董事會成員，擔任一級董事，但當時他還沒有加入董事會的任何下屬委員會。以上任命均自 2023 年 1 月 13 日起生效。

海斯汀的職務轉換可能已經計畫了很長一段時間，他將繼續以執行主席的職位參與 Netflix 的工作，就像亞馬遜的貝佐斯一樣。

萊德在接受採訪時提到，她在向美國證券交易委員會的申報文件中，關注的最大警訊是突然離職的訊息。高階經理人離職的壞消息，通常會在週五市場收盤後或為期 3 天的連假之前宣告，這時大多數分析師和市場參與者都不太關注。這也是我在每週報告經營團隊高層交接情況時，單獨追查突然離職事件的原因之一。

如果一位對公司運營有深厚了解，並且參與了對公司成功至關重要專案的高階管理者，因為不明原因突然決定離職，可能暗示公司有更深層次的問題，這也是一些公司會特意強調，某個人離職與公司財務報告或其他問題無關的原因之一。

有一個相當有趣的例子，一家軟體安全公司的高階經理人在工作了 15 年後開始休假，隨後公司申報她離職的事情時，該公司表示，這位高階經理人非常喜歡旅行和騎自行車，以至於她決定不再返回工作崗位。看了一眼她 LinkedIn 的個人資料，在撰寫本文時，她似乎仍

在休長假。

當銷售戶外運動設備和彈藥的公司 Vista Outdoor（NYSE：VSTO）宣布董事會已要求公司執行長克利斯·梅茲（Chris Metz）辭職時，公司特別表示：「2023年 2 月 2 日，Vista Outdoor Inc.（以下簡稱 Vista Outdoor 或公司）董事會宣布，克利斯·梅茲已應董事會要求辭去公司執行長和董事職務，自 2023 年 2 月 1日起生效，理由是董事會對其領導能力失去信心，原因不涉及財務報告或內部控管問題。」[36]

如果你繼續關注 Vista Outdoor 經營團隊的變動，你會注意到過了 2 個星期，公司的法務長迪倫·拉姆齊（Dylan Ramsey）也辭職了。

Vista Outdoor 正嘗試分拆公司，將其戶外產品部門分拆出去，該部門包括 CamelBak、Bell 和 Bushnell 等流行品牌，其餘設計、生產並銷售軍用部位、執法部門和獵人用彈藥零件的運動產品部門將保留在母公司，梅茲本應以執行長的身份領導這家新的戶外產品公司。顯然，與這次分拆相關的某些事情似乎出了問題，導致這兩位高階經理人的離職，而在他們離職前幾個月，也就是 2022 年 10 月，財務長也決定離職以尋求其他機會。

經營團隊中的個人可能會因為各種理由辭職，但當多名內部人士集中離職，或執行長辦公室出現人事更替頻繁的情況時，你就需要特別注意。

對於已經擁有公司股票的長期投資人來說，突然離職和經營團隊成員僅在職幾個月就快速更替，是強烈的賣出訊號。同時，這些情況也常被尋找有問題的公司以進行放空操作的投資者當成訊號。

1. 經營團隊變動可能會對公司的未來發展走向產生不成比例的影響。

2. 如果你的投資決策偏向於由創辦人掌舵，要特別留意創辦人卸任的情況，尤其是當他們沒有繼續在公司擔任其他職務，例如執行董事長。

3. 突然離職被認為是一個危險訊號，放空者經常追蹤這種訊號，看看公司是否有潛在的問題。令人意外的是，上市公司經常發生突然離職的事件，如果你注意到一間公司出現多次突然離職的情況，或者對於突然離職者給出的原因不具說服力，就要深入了解公司正在發生什麼情況。

4. 使用正確的衡量標準來評估管理績效，例如股東權益報酬率或是獲利率成長，而不是短期內的股價表現。管理階層在前一家公司的表現，可能預示他們在新公司的表現。

5. 執行長薪酬過高可能會使公司員工士氣低落。投資人可以在公司提交給美國證券交易委員會的委託書中找到薪酬資訊和薪酬比率，該數字將執行長的薪酬與公

司員工的薪酬中位數進行比較。研究表明，執行長薪酬過高的公司表現通常不如薪酬較低的公司。

NOTE

∘ 結語 ∘

希臘哲學家赫拉克利特（Heraclitus）曾說過，生活中唯一不變的事就是改變，這一點在金融市場上最真實。深入參與金融市場需要終生致力於學習，新公司、新產業和新興市場，全都要求你去學習新事物、擴展你的思維模式，有時還需要從過去的教訓中重新學習。

市場的另一個特性是市場會週期性地變動，看似變化多端，但本質上卻不曾改變。我有一些專門針對波動性的交易策略，通常十年甚至更久才有一次機會操作。本書第 6 章〈公司分拆〉中引用的 Sergi 和 Owers 的研究非常有趣，因為它顯示，近 40 年前觀察到的一些分拆效應至今仍然存在，同樣的情況也發生在併購套利等策略上，這些策略的實踐者數十年如一日地使用它們，證明其長期有效性。

事件驅動策略有時可以讓你看到一些模式，進而讓你注意到那些平常可能不會進入你視野的公司，本書討論的各種策略是極佳的投資靈感來源，但在判斷哪些值得投資、哪些需要加入到觀察名單以進行進一步監控、哪些要直接拒絕，進一步深入調查是無可替代的關鍵。

希望你喜歡這本書，並且能在探索事件驅動的策略中受益，無論是作為你投資組合的逆週期替代方案，還是用於啟發投資靈感的發掘過程。

◦ 致謝 ◦

本書的起點是 6 個推特的主題帖，每個主題帖對應至本書中的一項策略。我要感謝 Craig Pearce，他在 Harriman House 公司內部支持這本書的出版，並指導我完成了〈內部人交易〉這章的內容。如果沒有 Vitaliy Katsenelson 和 Tobias Carlisle 的熱心引薦，我永遠不會認識 Craig，我要感謝他們的慷慨幫助。

我要感謝我的編輯 Nick Fletcher，他扮演著重要的角色，幫助我成為一名更好的作者並將這本書轉變為現在的樣貌。

我要感謝我的初期審稿人，包括內人、我的女兒、范德比爾特大學的 Joshua White 博士、Brian Stark 和 Shravan Paul。我要感謝 Jesse Felder 閱讀本書的早期版本，並邀請我參加他的播客，在矽谷進行一次精彩的對話。

我要感謝 David Jackson，他讓我在 2005 年成為 Seeking Alpha 的早期貢獻者，並提供了一個平台，讓我得以與更廣泛的在投資社群分享我的投資研究。Dave Callaway 在 2000 年代中期為我提供了寶貴的早期反饋，

幫助我理解作為分析師與作為講故事者之間的寫作差異。

我要感謝 Jeff Nibler、Paul Goodrich 和 Brad Hummel，在我職業生涯的關鍵時刻，他們給予了友誼、指導和良好的建議。

最重要的是，我要感謝我的父母，感謝他們帶我來到這個世界，為家庭提供支持，並給予我探索熱情的機會。

。參考文獻。

(1) Biggs, B., *Hedgehogging* (Wiley, 2008).

(2) Thorndike, W., *The Outsiders* (Harvard, 2012).

(3) Frenkel, S., "What Are Spam Bots and Why They're an Issue in Elon Musk's witter Deal" (*New York Times*, July 11, 2022). Retrieved from:www.nytimes. com/2022/07/09/technology/elon-musk-twitter-spam-bots.html#:~:text=Since%20it%20went%20 public%20in,can%20pass%20antispam%20tests.

(4) Greenblatt, J., *You Can Be a Stock Market Genius* (Simon and Schuster,1997).

(5) Leonard, J., et al. "China's Apple iPhone Ban Appears to Be Retaliation,US Says" (*Bloomberg UK*, September 13, 2023). Retrieved from www. bloomberg.com/news/articles/2023-09-13/china-s-apple-iphone-banappears-to-be-retaliation-us-says.

(6) Mitchell, M. and Pulvino, T., "Characteristics of Risk and Return in Risk Arbitrage" (*Journal of Finance*, October 2000). Retrieved from papers.ssrn.

com/sol3/papers.cfm?abstract_id=268144.

(7) Dieudonné, S., Bouacha, S. and Cretin, F., "Macroeconomic Drivers Behind Risk Arbitrage Strategy" (October 1, 2020). Retrieved from papers.ssrn.com/sol3/papers.cfm?abstract_id=1705548.

(8) United States Securities and Exchange Commission, EDGAR Full Text Search: www.sec.gov/edgar/search/#/category=form-cat9.

(9) Bank of America, "Bank of America Corporation Announces Cash Tender Offers by BofA Securities, Inc. for up to $1.5 Billion in Aggregate Liquidation Preference of Certain Outstanding Depositary Shares of Bank of America" (November 10, 2022). Retrieved from newsroom.bankofamerica.com/content/newsroom/press-releases/2022/11/bank-ofamerica-corporation-announces-cash-tender-offers-by-bofa.html.

(10) Einhorn, D., Sohn Investment Conference slides.

Retrieved from www.10xebitda.com/wp-content/
uploads/2016/11/Greenlight-Pioneer-Presentation-
May-2015.pdf.

(11) Einhorn, D., *Fooling Some of the People All of the
Time, A Long Short(and Now Complete) Story* (Wiley,
2011).

(12) Pabrai, M., "Move Over Small Dogs Of The
Dow, Here Come The Uber Cannibals" (Forbes,
December 26, 2016). Retrieved from www.
forbes.com/sites/janetnovack/2016/12/22/move-
over-small-dogs-of-thedow-here-come-the-uber-
cannibals/?sh=44ed7b5c7f92.

(13) United States Securities and Exchange Commission,
Form 10-Q. Retrieved from www.sec.gov/ix?doc=/
Archives/edgar/data/723612/000072361220000057/
car-2020033110q.htm.

(14) Ikenberry, D., Lakonishok, J. and Vermaelen, T.,
"Market Underreaction to Open Market Share
Repurchases" (*Journal of Financial Economics*,
29,2–3). Retrieved from www.sciencedirect.com/

science/article/abs/pii/0304405X9500826Z.

(15) Chan, K., Ikenberry, D., Lee, I. and Wang, Y., "Share Repurchases as a Potential Tool to Mislead Investors" *(Journal of Corporate Finance*,16, 2). Retrieved from papers.ssrn.com/sol3/papers. cfm?abstract_id=1485583.

(16) Hutton, A., Lee, L. and Shu, S., "Do Managers Always Know Better? Relative Accuracy of Management and Analyst Forecasts" (*Journal of Accounting Research*, April 29, 2012). Retrieved from papers.ssrn.com/sol3/papers.cfm?abstract_ id=2047107.

(17) Lazonick, W., "Profits Without Prosperity" (*Harvard Business eview*,September 2014). Retrieved from lazonick14.pdf (free.fr).

(18) Greenspan, R., "Money for Nothing, Share for Free: A Brief History of the SPAC" (May 1, 2021). Retrieved from papers.ssrn.com/sol3/papers. cfm?abstract_id=3832710.

(19) Greenblatt, J., *You Can Be a Stock Market Genius*

(Simon & Schuster,1997).

(20) The World Bank, "Adjusted Net National Income Per Capita (Current US$)". Retrieved from data. worldbank.org/indicator/NY.ADJ.NNTY. PC.CD.

(21) Leonard, M., "Mylan $264 Million EpiPen Price-Gouge Deal Gets First Court Nod" (*Bloomberg Law*, March 14, 2022). Retrieved from news. bloomberglaw.com/antitrust/mylan-264-million-epipen-price-gougedeal-gets-first-court-nod.

(22) Owers, J. and Sergi, B., "The Ongoing Contributions of Spin-off Research and Practice to Understanding Corporate Restructuring and Wealth Creation: $100 Billion in 1 Decade" (*Humanities & Social Sciences Communications*, June 03, 2021). Retrieved from www.nature.com/articles/s41599-021-00807-9.

(23) Hite, G. and Owers, J. "Security Price Reactions around Corporate Spin Off Announcements" *Journal of Financial Economics*, 12, 409–436). Retrieved from www.sciencedirect.com/science/article/abs/pii/0304405X83900429.

(24) Schipper K. and Smith, A. "Effects of Recontracting on Shareholder Wealth: The Case of Voluntary Spin Offs" (*Journal of Financial Economics* 12, 437–467). Retrieved from www.sciencedirect.com/science/article/abs/pii/0304405X83900430.

(25) Cusatis, P., Miles, J. and Woolridge, J., "Restructuring Through Spinoffs: The Stock Market Evidence" (*Journal of Financial Economics*,33–3). Retrieved from www.sciencedirect.com/science/article/abs/pii/0304405X9390009Z?via%3Dihub.

(26) Ibid.

(27) Berkshire Hathaway, Inc. Retrieved from www.berkshirehathaway.com/letters/1988.html.

(28) Ritholtz, B., "Transcript: Hubert Joly" Retrieved from ritholtz.com/2021/09/transcript-hubert-joly.

(29) Datarails, "CFOs and the C-Suite: Staying Power, Pay and Pain Points" Retrieved from www.datarails.com/research/cfostayingpower.

(30) Boone, A., Starkweather, A. and White, T., "The Saliency of the CEO Pay Ratio" (*Review of Finance*,

November 11, 2019). Retrieved from papers.ssrn.com/sol3/papers.cfm?abstract_id=3481540.

(31) Mishel, L. and Kandra, J., "CEO Pay has Skyrocketed 1,322% Since 1978" (Economic Policy Institute, August 109, 2021). Retrieved from www.epi.org/publication/ceo-pay-in-2020/#:~:text=From%20 1978%20to%202020%2C%20CEO,18.0%25%20 from%201978%20to%202020.

(32) MSCI, "Out of Whack: U.S. CEO Pay and Long-term Investment Returns" Retrieved from www.msci.com/ceo-pay.

(33) Batish, A, "New York Times 200 Highest-Paid CEOs" (Equilar, June 25, 2022). Retrieved from www.equilar.com/reports/95-equilar-new-yorktimes-top-200-highest-paid-ceos-2022..

(34) Oreskovic, A., "Marissa Mayer Blames Short Sighted Activist Investors for Causing Yahoo to Lose Out on Tens of Billions of Dollars of Upside by Selling Alibaba Stake" (*Insider*, April 18, 2018). Retrieved from www.businessinsider.com/marissa-

mayer-blames-activist-investors-ellingyahoo-alibaba-stake-2018-4

(35) Leder, M., *Financial Fine Print: Uncovering a Company's True Value* (Wiley, 2003).

(36) United States Securities and Exchange Commission, Form 9-K. Retrieved from www.sec.gov/ix?doc=/Archives/edgar/data/1616318/000095015723000069/form8-k.htm.

隱性財富
掌控市場變局的 6 大事件投資法

作者：艾席夫・蘇利亞（Asif Suria）
譯者：呂佩憶

總編輯：張國蓮
副總編輯：周大為
責任編輯：李文瑜
資深編輯：袁于善
美術設計：杜曉榕、謝仲青

董事長：李岳能
發行：金尉股份有限公司
地址：新北市板橋區文化路一段 268 號 20 樓之 2
傳真：02-2258-5366
讀者信箱：moneyservice@cmoney.com.tw
網址：money.cmoney.tw
客服 Line@：@m22585366

製版印刷：緯峰印刷股份有限公司
總經銷：聯合發行股份有限公司

Originally published in the UK by Harriman House Ltd in 2024, www.harriman-house.com.
Copyright © 2024 by Asif Suria
Complex Chinese language edition published in arrangement with Harriman House Ltd., through The Artemis Agency

初版 1 刷：2025 年 2 月
定價：450 元
版權所有 翻印必究

國家圖書館出版品預行編目（CIP）資料

隱性財富：掌控市場變局的6大事件投資法/艾席夫.蘇利亞(Asif Suria)著；呂佩憶譯.
-- 初版. -- 新北市：金尉股份有限公司, 2025.02
　面；　公分
譯自：The event-driven edge in investing.
ISBN 978-626-7549-15-5(平裝)

1.CST: 投資 2.CST: 投資技術 3.CST: 投資分析

563.5
114001059

Money錢

Money錢

Money錢

Money錢